大思政格局下的设计学科学生工作

STUDENT AFFAIRS IN THE DESIGN DISCIPLINE UNDER THE FRAMEWORK OF IDEOLOGICAL AND POLITICAL EDUCATION

张雪青 王璐 朱盛秀 张洪源 著

同济大学出版社 · 上海
TONGJI UNIVERSITY PRESS · SHANGHAI

图书在版编目（CIP）数据

大思政格局下的设计学科学生工作 / 张雪青等著 .
上海：同济大学出版社，2024. 12. -- ISBN 978-7
-5765-1398-1

Ⅰ. G645.5

中国国家版本馆 CIP 数据核字第 2024VT7914 号

大思政格局下的设计学科学生工作

张雪青　王璐　朱盛秀　张洪源　著

责任编辑：周原田
责任校对：徐逢乔
装帧设计：品牌创生实验室

出版发行：同济大学出版社　www.tongjipress.com.cn
（地址：上海市四平路 1239 号　邮编：200092　电话：021-65985622）
经　　销：全国各地新华书店
印　　刷：上海安枫印务有限公司
开　　本：710mm × 1000mm　1/16
印　　张：12
字　　数：228 000
版　　次：2024 年 12 月 第 1 版
印　　次：2024 年 12 月 第 1 次印刷
书　　号：ISBN 978-7-5765-1398-1
定　　价：98.00 元

序 言

同济大学设计创意学院学生工作一线的辅导员老师们，将设计创意学院建院 15 年来的学生工作经验汇编成册，是一件很有意义的事。

同济大学设计创意学院是中国最具国际声誉的设计学院之一，跻身世界著名设计学院行列，设计学科（Art & Design）连续两轮入选“世界一流学科”建设学科。工业设计、产品设计、环境设计、视觉传达设计四个专业全部入选国家级一流本科专业建设点。2022 年，同济大学设计学在全国第五轮学科评估获评 A+，艺术硕士（艺术设计领域）在全国专业学位水平评估中获评 A+。同济大学在 QS “艺术与设计”排名中稳步提升，2021 年为全球第 13 位，2022 年为全球第 12 位，2023 年为全球第 10 位，2024 年为全球第 11 位，连续七年领跑亚洲。

党的十八大以来，以习近平同志为核心的党中央高度重视教育事业发展，将教育摆在优先发展战略位置，坚持把教育作为国之大计、党之大计，作出加快推进教育现代化、建设教育强国的重大决策。2024 年 9 月 9 日至 10 日，全国教育大会在北京召开，习近平总书记发表重要讲话强调，教育是强国建设、民族复兴之基。我们要建成的教育强国，是中国特色社会主义教育强国，应当具有强大的思政引领力、人才竞争力、科技支撑力、民生保障力、社会协同力、国际影响力，为以中国式现代化全面推进强国建设、民族复兴伟业提供有力支撑。

“大思政格局下的设计学科学生工作”这一主题的提出，不仅是对设计教育理念的深刻反思，更是为未来设计人才培养提供了重要的方向指引。本书聚焦“大思政”这一宏观视角，将思想政治教育深度融入设计学科的教学与实践中，尝试通过构建多维度、立体化的育人体系，让学生在掌握专业知识、专业技能的同时，培养学生高尚的道德情操、优秀的团队合作能力和强烈的社会责任感。

书中，学生工作一线的老师们探讨了设计学科与思政教育的内在联系，提出了一系列创新性的教育理念与实践策略。从课程体系的设计到教学方法的改革，从校园文化的营造到社会实践的拓展，无不彰显出对于设计学科人才未来发展的深刻思考与积极探索。这些宝贵的经验与见解，不仅为设计学科的学生工作提供了有力的理论支撑，也提供了可资借鉴的实践范例。

在此，诚挚邀请每一位关心设计教育、关注青年成长的朋友阅读本书。我相信，无论是教育工作者还是设计领域的从业者，都能从中反观自身的工作有所体悟。让我们携手共进，在大思政格局的引领下，不断探索思政教育的新思路、新方法，共同为助力学生成长成才、推动高等教育事业的新发展贡献力量。

同济大学党委副书记 刘润

2024 年 9 月于同济大学

前 言

随着中国特色社会主义进入新时代，社会对人才的需求发生了深刻变化。中国的创新驱动发展，经济转型升级，迫切需要能够提升产业竞争力、文化软实力和实现经济社会可持续发展的设计创新领军人才。习近平总书记指出，“‘为谁培养人、培养什么人、怎样培养人’始终是教育的根本问题。”高校需要深刻地思考，把握育人工作的源头，明确育人开拓的方向。“大思政”教育的提出，是将思想政治教育放置于国家发展、社会进步的大局中进行考量和布局，贯穿高校教育的全过程，以发挥高质量思政教育的引领功能。立足新发展阶段，如何在大思政格局引领下推动高校思政育人持续高质量发展，既需要深刻把握思政育人高质量发展的内涵和结构，也需要从立体化、多维度视角来构建并完善思政育人协同机制，以有效落实立德树人这一根本任务。

学生工作是高校教育和管理的重要环节，旨在促进学生的个人成长和发展，提升学校的教育教学质量。高质量的学生工作是高质量高等教育的重要组成部分。这是一项涉及多方面的综合性、复杂性很强的工作，是一项意义深远且任务繁重的系统工程。在大思政理念下，探索学生工作策略，以思政指导学生工作的开展，挖掘学生工作的育人价值，具有积极的理论价值和现实意义。

同济大学在百余年的办学传统中，逐步确立了以服务学生全面发展为核心的学生工作的基本宗旨，逐步建立了多层次、多元化、立体性的立志修德培育体系，在育人过程中彰显同济特色、传承百年文脉、践行同济精神，形成全校上下合力育人的基本格局。

同济大学设计创意学院以提升学生的综合素质和专业能力为核心，通过一系列精心设计的思想教育、实践教学以及社会服务活动，为学生的全面发展奠定了坚实基础。同学们沉浸在“设计驱动创新”的信念和文化氛围之中，这种文化使得学生手脑并重，从而创造出必需品，积累设计经验并找寻创新的意义。设计驱动创新的意识正帮助青年学生在急剧变化和充满了科技、经济和社会挑战的世界中更为灵活、高效和有意义地工作和生活。面对未知和复杂的挑战，青年学生需要具备能够面向复杂性迸发的能力，并且富有自信、创造性和灵活性。

短短的十几年里同济大学设计创意学院经历了从工业设计专业到设计创意学院的建设和发展壮大，取得了令人瞩目的影响力，跻身全球一流设计学院行列。学院始终思考如何成为艺术与设计教育领域的先行者和探索者，因此在学生的思想政治教育上也应作出示范和引领，在理念、方法、举措和成果上可复制、可推广。

本书梳理和收录了十几年来同济大学设计创意学院在发展过程中积累的学生工作的理念、做法和成效，形成案例，引导读者接近同济大学设计创意学院的教育和革新实践，探讨大思政格局对设计学学生工作的影响，以及如何将思政元素有效融入设计学教育，以培养出既具有专业技能又具备社会责任感的设计领军人才。同时，探讨在新的时代背景下，如何创新设计学科学生工作方式与机制，以适应社会发展的需要。

目 录

第 6 章　实践育人

第 7 章　国际化育人

第 8 章　多元育人

第 9 章　品牌建设

后记

第 1 章

育人理念

同济大学设计创意学院英文名称是 Tongji University College of Design and Innovation，缩写为D&I，由于D&I读音在上海话中同“嗲”，所以同学们亲切地称设计创意学院为“嗲院”。

设计创意学院的学生工作聚焦世界一流大学育人目标，始终围绕学生成长与发展进行理论思考与教学实践。在设计学科快速发展的背景下，同济大学的设计学科专业不断超越自我，从追踪到引领，设计创意学院的学生工作与国家科教兴国战略和学院办学理念同向而行，呈现出“领异标新、兼容并包、知行相资”的鲜明特色。

在理念上，设计创意学院始终坚持领异标新，愿景牵引和需求推动并举，推动专业学习小逻辑衔接经济社会发展大逻辑；兼容并包，融通中国智慧和全球视野，推动培养环节提质和内涵深化；知行相资，知识创造与实践育人协同，实现区校联动、科产教融合协同育人。

在做法上，设计创意学院围绕学生成长，对课程、培养环节、环境和机制进行改革和创新。在专业学习基础上实现在地化和国际化的跨学科整合能力培养；根据育人环节匹配一流资源，针对瓶颈和痛点，革新育人体制，推动一系列特色改革。

本章将从学院理念愿景、彰显学术专业影响和创新“生活实验室”育人模式三个方面阐述学院育人工作的特色。

1.1 学院理念愿景

同济大学设计创意学院在建设之初确立了培养国际水准的“可持续设计创新”领军人才、追求学术的卓越和贡献社会的进步的办学使命。学院的总体目标是建成一个具有鲜明特色的国际化、创新型、前瞻性、研究型的世界一流设计学院。

同济大学副校长、时任院长娄永琪教授为同学们写下了“为人生的意义和世界的未来而学习和创造”的院训，激励每一位学生胸怀远大抱负，努力学习和思考。

在使命的感召下，学院迎来了快速发展的 10 年，逐渐形成了独特的共同价值理念：创新包容的价值取向、积极进取的同创风格、贡献社会的行动能力和透明上进的学院文化。

（1）使命

以设计应对全球挑战，提升生活品质。

以创新驱动社会变革，实现永续发展。

培养国际水准的“可持续设计创新”领军人才。

（2）愿景

追求学术的卓越和贡献社会的发展是设计创意学院的办学宗旨和特色。

学院的总体建设目标是成为兼具时代使命、全球视野、本土特色的国际化、创新型、前瞻性、研究型的世界一流设计学院。

1.2 彰显学术专业影响

在使命和愿景的牵引下，同济大学设计创意学院布局了前瞻性的专业定位——面向产业转型和未来生活的智能可持续设计。党建引领，与世界共同识变、应变和求变，培养学生的使命感、洞察力和行动力。在第一课堂和第二课堂协同发力的进程中，同济大学设计创意学院迅速成为国内引领设计学科以及具有全球影响力的设计学院。

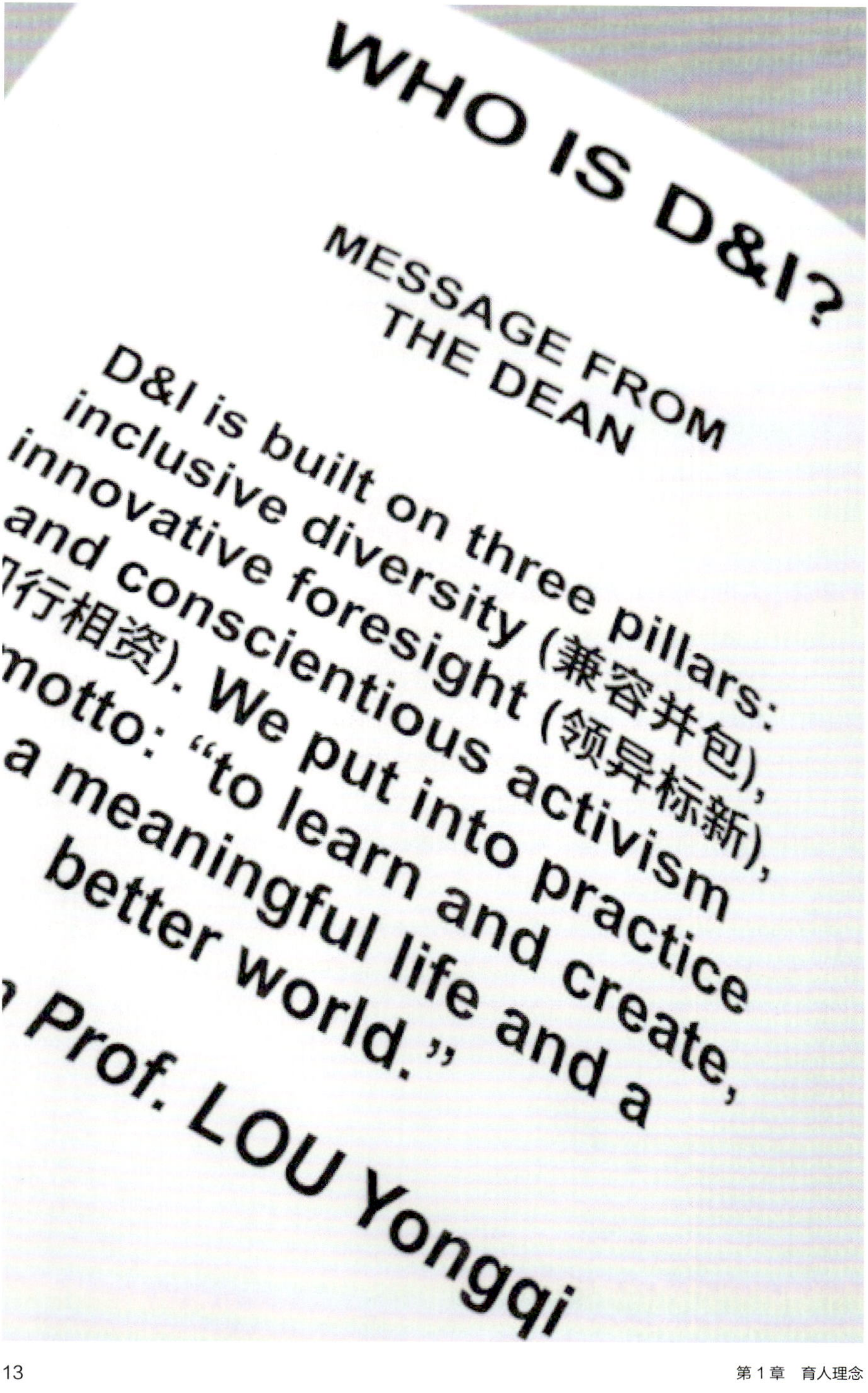
WHO IS D&I?
MESSAGE FROM THE DEAN
D&I is built on three pillars:
inclusive diversity (兼容并包),
innovative foresight (领异标新),
and conscientious activism
行相资). We put into practice
motto: "to learn and create,
a meaningful life and a
better world."
Prof. LOU Yongqi

1.2.1 人才培养模式成为国际标杆

同济大学设计创意学院的世界一流人才培养理念和模式获世界认可。“立体 T 型”人才培养模式获得斯坦福大学班尼·班纳吉（Banny Banerjee）教授高度认可，并作为唯一入选的亚洲案例与斯坦福大学、哈佛大学等 10 个人才培养案例一起收录于爱思唯尔出版的《从全球视角打造创新领导者》（*Creating Innovation Leaders：A Global Perspective*）一书。2020 年，英国设计博物馆（Design Museum）发布了一项名为“未来展望计划”（Future Observatory）的项目，同济“社区中的大学”计划被作为后疫情时代的大学创新范式。建院以来，教学成果获多项国家级和上海市教学成果奖、欧洲质量创新奖、联合国教科文组织创新教育文晖奖等多项荣誉，其中“领异标新、兼容并包、知行相资，世界一流创新设计人才培养的中国路径”获得 2023 年度国家级教学成果二等奖。本科专业全部入选国家级一流专业建设点，支撑学科 2 次入选“世界一流学科”， 2023 年位居 QS 世界大学排名“艺术与设计”类全球第 10 位，连续 6 年保持亚洲第一。

1.2.2 人才培养质量取得显著成效

设计创意学院学生自发组织的“设计江湖”“一点读书会”等活动充分体现了学生主动钻研的精神和卓越的专业能力。获德国红点至尊奖、英国戴森设计奖中国区冠军、意大利 A’设计奖金奖、好设计金奖、DIA 金奖、德国 IF、美国 IDEA 等奖项近千次，既体现一流的教学质量，更提升了中国设计教育的国际影响力。

受益于问题意识和协同能力的培养，学生跨学科创新和创业能力突出，在中美青年创客大赛、挑战杯、互联网 +、创青春均获得全国金奖，支撑学校获批国家首批创新创业学院。师生与相关企业联合设计研发气膜版“火眼”实验室在全球 11 个国家启动了 46 座，登上《自然》（*Nature*）杂志封面。

1.2.3 毕业生的胜任力和领导力突出

设计创意学院每年有 35% 的本科毕业生赴美国哈佛大学、哥伦比亚大学、英国皇家艺术学院等世界一流大学深造；多名校友担任英国布鲁奈尔大学、伦敦国王学院、中国美术学院、上海交通大学等一流院校专业带头人。多名校友入职华为、百度、阿里巴巴、腾讯、苹果等头部企业，成为产业领军人才。如阿里设计团队中的同济校友总数第一。在汽车设计领域，多名校友分别担任沃尔沃亚太区设计副总裁、广汽研究院副院长、奔驰和阿斯顿 · 马丁高级设计师等职务。

1.2.4 国内外示范辐射效应明显

“创新设计”的特色专业定位和学科交叉模式获得路甬祥、万钢、翁铁慧等肯定和好评，世界一流和中国智慧相结合的创新办学路径吸引了国内外百余位院校长到访考察，意大利米兰理工大学、奥地利维也纳应用艺术大学、南科大创新创意设计学院、广东工业大学等近 50 所设计学院受到启发。设计创意学院的育人特色也得到社会积极关注，被央视、《人民日报》《解放日报》《文汇报》《第一财经》和“学习强国”等报道千余次，覆盖受众 5000 万人次。2022 年承办首届世界设计之都大会，全网浏览量为 7.2 亿次，获得国内外的广泛关注。

1.3 创新“生活实验室”育人模式

同济大学设计创意学院的“立体 T 型”创新设计人才培养模式在多年的建设和发展中已经产生了全球影响力，在师资力量、思政教育、课程教学、教材建设、科教平台等一流人才培养要素上实现高水平融合，形成了特色鲜明的校区社区联动、科产教融合、浸润交互育人的“生活实验室”育人模式。培养了大量世界一流产、学、研、创标志性人才；育人过程中还涌现出一批如设计丰收、NICE2035、趣种花园、“火眼”实验室等标志性成果，在服务地方和国家发展战略上作出突出贡献。实现了世界一流和“中国气派”的创新融合，育人理念和育人环节的创新融合，专业建设和社会贡献的创新融合。

同济大学设计创意学院的育人探索回答了以下 2 个育人问题。

问题 1：如何探索适应从行业地方“专才”走向全球胜任的“英才”培养环节的路径？特别是通过融通中国智慧和全球视野，创新培养体系和师资配置，培养学生“洞察力、创造力、领导力”的卓越能力，努力为“钱学森之问”找到答案。

问题 2：如何探索从单向“输入”走向多元“赋能”的培养模式创新路径？特别是通过知识创造与实践育人协同，从教师中心走向学生中心，从单向教授走向全方位、浸润式的自主学习，改变思政育人、课堂育人、社会育人、科研育人、国际合作育人各自为政的局面。

第2章

育人
机制

在同济大学设计创意学院的多维度教育中，思想政治教育被视为塑造学生品格和价值观的关键环节。习近平总书记在全国高校思想政治工作会议上的重要讲话中，从全局和战略的高度强调“要坚持把立德树人作为中心环节，把思想政治工作贯穿教育教学全过程，实现全程育人、全方位育人，努力开创我国高等教育事业发展新局面。”这也成为提增“三全育人”工作质效的迫切要求。同济大学设计创意学院以“三全育人”综合改革示范学院建设工作为契机，以此打造设计学的人才培养同心圆；以立德树人为根本，着眼于提升师生思想政治素质，把理想信念教育放在首位，将正确政治方向、价值导向贯穿立院办学、育人育才全过程；以构建思政工作与“三全育人”双促进双融合为目标，深入开展以“七个聚焦，七个提升”为行动指南，打造五大育人名片，共创人才培养同心圆的“三全育人”工作。

2.1 “三全育人”——设计学科人才培养同心圆

自2022年11月，设计创意学院获批第二批“三全育人”综合改革示范学院以来，学院党委高度重视，成立“三全育人”综合改革示范学院工作推进小组，按照教育部“三全育人”综合改革试点建设要求，认真对照《同济大学“三全育人”示范学院建设标准》中的七级指标，落实任务清单，构建设计创意学院“三全育人”工作体系。

学院以“七个聚焦，七个提升——打造五大育人名片，共创人才培养同心圆”为主题，开展“三全育人”示范学院建设工作。在建设工作中搭建特色育人同心圆，围绕七级指标开展“七大行动指南”，结合学院特点通过文化育人、劳动育人、科研育人、双创育人、国际交流五大特色育人工作，深化学生五育并举措施，凝炼“五张特色育人名片”，从而实现培养“交叉型、复合型”的立体 T 型可持续设计创新领军人才的人才培养目标。

2.1.1 共创人才培养同心圆，以机制化调动育人合力

“三全育人”实践中由于缺少相应的组织机构保障，思想政治工作各主体往往各自为政，各行其是，难以真正实现协同，因此构建高校思想政治工作协同机制尤为重要和紧迫。学院充分发挥党委的政治核心作用，加强党建引领，凝炼“理念同心的全员育人队伍、系统同构的全过程育人制度、行动同向的全方位育人格局”，以及各部门齐抓共管的“大思政”协同育人工作机制。

围绕“立德树人”的根本任务，凝聚育人共识，加强第一课堂与第二课堂联动，立足课堂教学主渠道，按照“明方向，接地气，融情理，重服务”的课程思路，全面提升课堂教学的有效性。坚持第一课堂课程思政的主阵地和主渠道作用，活跃第二课堂，延伸第三课堂，鼓励思政课教师和其他各专业课教师集体备课，共同构建全面覆盖、类型丰富、层次递进、相互支撑的协同育人内容体系。将显性教育和隐性教育相统一，进行一二三课堂联动的课程思政学院建设。注重思想政治教育的系统性、协同性，以整体、联系、互动的思维，探讨与多元供给体系相伴生的协同机制建设问题，以创新引领未来的思想政治教育制度长效机制。

调动学院全员力量，围绕一个中心多面辐射的工作思路，联动教学、学生工作，集思广益，推动融合第一和第二课堂的专业导师团队，以最大程度地发散全员育人的辐射范围。建立长效机制调动专业教师积极性，将专业教师立德树人和教书教育成效落实在职称评定和续聘、年终考核、评奖评优等环节上，以机制化营造良好的三全育人氛围。

理念同心：以党建为引领，调动学院全员力量，围绕一个中心多面辐射的工作思路，在“1+N”“三全育人”综合改革模式基础上，构建出思政工作协同机制形成由党委主要负责，各部门齐抓共管的“大思政”协同育人格局。

系统同构：建立长效机制调动育人积极性，鼓励教师参与第二课堂联动，建立激励机制，推动教工党支部与学生党支部共建，将思想引领工作量纳入学院评奖评优评估体系。将专业教师在立德树人成效落实在职称评定和续聘、年终考核、评奖评优等环节上，以机制化营造良好的三全育人氛围。

行动同向：整合社会资源、高校资源，协同社区、街道、企事业单位，搭建文创基地，营造具有专业特色的文化育人新氛围，推动形成“资源共享、优势互补、共同提高”的阵地共建新格局。

建设设计学科“三全育人”育人机制，形成人才培养同心圆

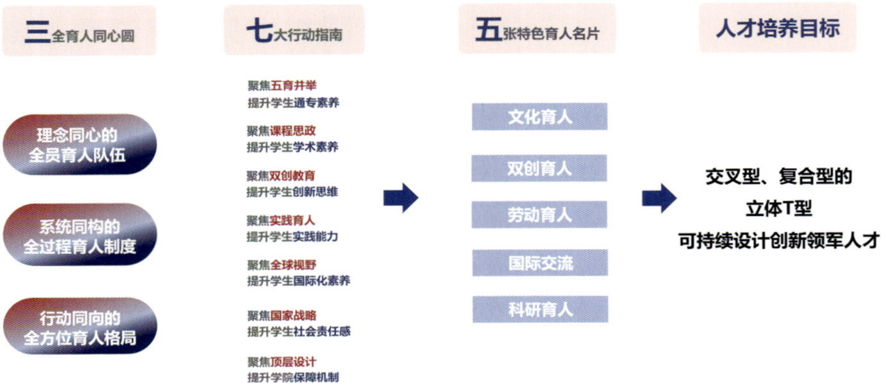

设计创意学院“三全育人”工作建设思路

2.1.2 知行相资，构建立体 T 型创新设计人才培养新模式

贯彻落实“立体 T 型”教育理念的课程体系与培养环节，培养交叉型、复合型可持续设计创新领军人才。将核心能力培养融入课程体系、落实到每门课程和每个环节中，打通学科内部交叉融合的壁垒，强化培养学生的创新创业精神和主动设计意识，以创意落地和实效激励来提升学生的获得感。全面推动跨学科情境下的拔尖创新人才培养，将研究生培养与一流本科生培养紧密结合，本科生参与科研，硕博生，反哺教学，实现全员、全过程育人。

通过“校区、园区、社区”三区联动，将人才培养与就业创业相结合，为学生提供设计、文化创意产业管理、多媒体制作等方向的就业创业机会。组织教授团队带队参加师生同行社会实践项目，用设计赋能社会创新。

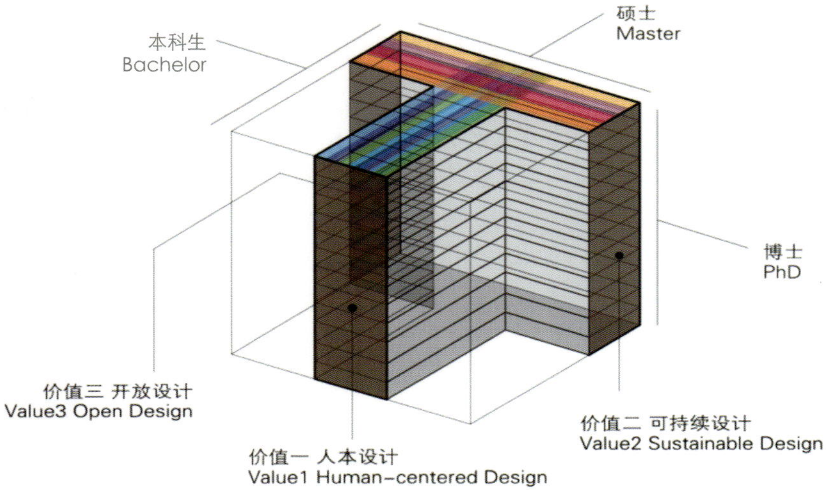

立体 T 型的本、硕、博创新人才培养体系
垂直能力和水平能力相结合的 T 型创新人才

2.2 以社区为依托，开拓设计创意师生党建共同体新平台

2.2.1 背景介绍

设计创意学院始终以建设一流学院和学科为目标，以培养国际水准的“可持续设计创新”领军人才、追求学术的卓越和贡献社会的进步为办学使命。“教师是立教之本、兴教之源”，营造优良的师德师风氛围，加强“四有”教师队伍建设是实现学院发展目标的重中之重。

自 2013 年起，学院师生走进社区，结合教学、科研、党建活动等与社区联动，积极打破“大学围墙”，持续推进与社区共建，以设计为创新驱动力，以微更新设计激活社区发展。教师在校园和社区传播知识和思想的同时，带头践行社会主义核心价值观，深入了解党情、国情、社情、民情，在服务社会的实践中强化立德树人的育人理念。学院积极探索高校师德师风建设和思政教育工作新模式，已初步打造出在新时代下以社区为依托的新型师生党建共同体教育平台。

2.2.2 特色做法

1. 设计落地社区，教师带头贡献同济智慧

新时代给教师的职业价值、社会角色定位赋予了新的内涵，教师肩负着塑造灵魂、塑造生命、塑造人的时代重任而学以致用，用专业所长服务社会、推动社会发展与变革，是大学的使命之一。学院从2015年发起的“四平空间创生行动”（Open Your Space，OYS），是学院推动师生走进社区，用知识反哺社会，用设计服务社区的一个典型，成为教师思政建设和价值引领的有力推手。

“四平空间创生行动”是学院联合四平路街道共同开展的项目，旨在结合中国城市发展现状，激活设计因子，关注设计如何作用于都市社区建成环境的研究实践。该项目以同济大学周边3平方公里的老旧新村、街道为主要服务对象，结合学院课程，积极参与改造、改建老旧公房生活环境，通过创意设计，把大学的知识、人才等资源更多地向社区溢出，学院承担起了大学“服务社会、推动社会发展与变革”的历史使命，为共创城市生态友好型社区贡献力量。

每一季的“创生行动”都是专业教学与社会公共服务结合的一次创新尝试。例如2018年的“邻里楼道空间再设计”，便是倪旻卿老师及学生们开展的教学课题。这一课题用环境图形设计去激发邻里关系中各方的创意构想，发现邻里空间的问题痛点所在，提升邻里空间品质，打造集功能性、互动性、趣味性、参与性的综合解决方案，使社区居民关系更为融合，成为设计驱动社区参与社会创新的新尝试。

2019年的“设计与协作型社区”则依托“抚顺路社区睦邻中心广场”这一物理空间，最终使设计创意在这方寸之地发挥了神奇的作用，广场多功能休憩及玩乐设施迅速提升了街道和区域的识别性，更新后的广场把人们带回公共空间，社区中的人因为新的场所而联系在一起，使社区变得活络生动，居民也更有归属感。

这一项目开展五年来，学院十多位教师一百多人次深入社区，用同济智慧贡献创新力量。从社区空间微更新到更多内容的植入；是一个不断深化和升级的过程，是师生在社区中不断发现、探索和引发新的思考并进一步付诸行动的过程，大学知识的溢出为社区带来环境变化的同时，更激发了社区活力。设计的介入能够为美好生活贡献力量，激发了教师以设计应对当下现实挑战的责任感与使命感，真正践行“人民城市人民建，人民城市为人民”的理念。奉献社会的价值引领在学院蔚然成风，教师在服务社区的同时，也得到了成长和磨炼。

四平空间创生行动第五季启动仪式

2019 年 11 月 抚顺路社区睦邻中心揭幕

2. 阵地持续开拓，推动教师党建和学生党建相融合

学院坚持将党建引领作为推进教师队伍建设的基础工作，把提高教师思想政治素质和职业道德摆在首位，突出党建引领、强化制度保障、丰富建设内涵、划好师德红线，努力建设一支师德高尚的新时代教师队伍。

学院通过开拓社区与高校联合党建基地，让党员教师作为带头人带领学生服务社区，奉献社会。学院制订党员服务管理制度，设计党员社区联合文创课程，同心协力打造一支党员先锋服务队，由党员牵头组织，联动四平社区、校友企业等资源，分别与四平、控江两个邻近社区携手共建。建立了“口袋花园”四平社区学生党员共建基地、“同济 · 控江”联合党建基地，为高校服务街道搭建了平台，为师生党员服务社会提供了载体，也为社区两个文明建设注入新鲜血液。

学院教工党支部注重突出设计学专业优势特长，主动承担社会责任，深入推动“三区联动”。由教工党员主持改造后的街道口袋花园成为四平路街道党员和同济大学设计创意学院学生党员的共建基地，街道公共空间活力得到激发，街道品质得以提升，形成了具有社区文化特征的弹性社区，也为党建工作的开展提供了新思路和新角度。

2020 年 6 月，由学院党委与控江路街道党工委联合共建的“同济 · 控江”党建教育基地正式揭牌，为“四史”微党课、抗疫交流分享等一系列共建活动拉开序幕。街校联建为学院服务地方搭建了新平台，为教师党员服务社会提供了载体，促进教师将更多的理论知识运用于实际。通过精准对接双向需求，进一步发挥区域化党建枢纽平台和社区实践基地作用；通过丰富共建形式与内容，推动形成“资源共享、优势互补、共同提高”的街校党建新格局；通过做深做实“共建项目”，推动组织联建、队伍联育、实事联做，达到“人才共育、社区共建”的双赢目的。

通过拓展校园与社区之间的联合党建模式，将党员教师与非党员教师的思政工作融合促进，以党员教师带动非党员教师共同进步，争做有理想信念、有道德情操、有扎实学识、有仁爱之心的“四有”好老师。

“口袋花园”四平社区学生党员共建基地

2.2.3 工作成效

1. 优秀人物事迹不断涌现，敬业立学、崇德尚美育人新场域形成

在学院党委的带领下，学院积极培育和践行社会主义核心价值观，提高师生思想文化认同感。2017 年 9 月 1 日，学院与黄浦区联合打造的“同济黄浦设计创意中学”成立，获得了积极的社会影响，在全国首次实现了设计创新教育进中学。学院倪旻卿老师负责的社会创新与可持续设计实验室依托“四平空间创生行动”项目，荣获 2019 年“上海市青年五四奖章集体”称号，“四平空间创生行动”中的设计项目也多次获得国际大奖，例如“红楼梯”（The Red Stairs）获得美国体验环境图形协会 (SEGD – The Society for Experiential Graphic Design) 的全球设计奖，“四平社区新公共空间 80 米口袋花园”（Shanghai Playscape）荣获美国体验环境图形协会 2019 全球设计奖最终提名奖。“四平空间创生行动”项目里的“口袋花园”“圈圈王国”“马里奥”“鲁班锁”等一系列儿童游戏小模块，将鞍山四村、抚顺路 363 弄、鞍山三村等居民区的绿化空间设计转化为孩子们的小种植园和小农园，成为家门口的微型自然课堂，四平路街道因此正式获评“上海市首批儿童友好社区”。

2. 特色课程与项目扎根社区和校园，人才培养与服务社会共赢

设计创意学院“设计驱动、产学融合、扎根社区、学生为主、协同创新”的学科特点愈发彰显，已经形成一批包括“开源硬件与编程”“创新创业跨学科课程包”“创新移动课堂” 等在内的特色项目。2022 年度，学院 1 门课程荣获上海市课程思政示范课，1 个团队荣获上海市课程思政示范团队称号，1 门本科课程和 1 门研究生课程荣获学校课程思政示范课程，5 门研究生课程荣获线上精品课程建设项目立项，1 本教材荣获研究生教材建设项目立项，1 项教改项目荣获学校教改培育立项。校园社区微更新项目得到师生、居民广泛好评，“社区实践导师”的实践探索正成为师生共同成长的交融点。

红楼梯（The Red Stairs）

开源硬件与编程课程

2.2.4 经验启示

学院将继续坚持立德树人理念，加强教师思政与党建教育，建立健全“三全育人”机制，将创新、服务、与学生培养相融合，建立良性互动，深化三区联动教育模式。在“设计思维”驱动的开放式、协作式、拓展式教学活动中，建立课堂内外的思政教育与学习生态，激发多方潜能，实现多元融合、持续激励的创新生态和人才培养共同体。同时，不断引导教师注重党建引领和科研创新、服务价值与社会价值相统一，激发学生“济人济事”的使命感和“同济天下”的责任感。

同济大学设计创意学院的育人机制回答了以下 3 个问题。

问题 1: 如何做好设计学学生思想引领工作?

问题 2: 如何借助学生工作呵护学生的成长，保护青年学生的热情和活力，了解学生的需求与渴望，尽可能地去理解学生、信任学生、包容学生?

问题 3: 青年教师如何认识学生工作，在使命愿景的牵引下，在教育整体中理解自己的工作，带着热忱全身心地投入学生工作。

第 3 章

党建活动

党的二十大报告将“实施科教兴国战略，强化现代化建设人才支撑”作为独立章节进行谋划部署，为高校人才培养指明了“创新驱动高质量发展”的前行方向。基于以人为本、创新驱动、永续发展的价值追求，追求学术的卓越和贡献社会的发展是设计创意学院的办学宗旨和特色。多年来，设计创意学院坚持以一流党建引领一流学科建设，实现了学院各项事业高质量发展，学院氛围开放包容、透明上进，学生风格积极进取、充满活力，学院在党建工作创新方面有着得天独厚的优势。

美育实践是高校培育“全面发展型人才”的重要途径之一，以美育实践推动党建创新，对于促进高校党建全面落实党的教育方针，形成美育党建特色具有重要意义。设计创意学院学生工作充分发扬设计专业特色，以文化为载体、以美育为核心，将美育实践与党建工作有机结合，联动多方组织和资源，推动了党建创新和品牌建设。创新建设“淬炼红星”党史电台、长卷创作、师生舞台剧、红色故事可视化等项目，推动趣味理论学习，挖掘美育实践途径，提升学史、寻迹、铸魂、创新的党建工作实效，增强基层党建工作的渗透力和影响力。

3.1 红星电台，设计之声传播红色文化

3.1.1 项目介绍

“淬炼红星”电台是学院积极开展多样化党史学习教育的实践探索，是学生党员薪火相传建设的特色品牌活动。“淬炼红星”以电台为载体，以声音为媒介，将一个个红色故事进行融媒体创新表达，让理论学习“活”起来、“热”起来、“实”起来，让红色基因在传承中焕发时代光芒。红星电台凝聚青年、引领青年，学院党员带领积极分子们共同创作，充分发挥设计学科专业特长，为红色血脉赋形，为时代英雄立传，讲述党史故事，传播红色文化。

3.1.2 项目成果

1. 思想引领、情感共鸣，传播红色正能量

“淬炼红星”电台将价值引领定为目标，情感共鸣视为要求。在内容创作方面，从历史到人物，从抗战到发展，电台选择党的百年历史中具体的红色故事进行再创作，以语言、音效、音乐为表现手法，用声音塑造人物、编织故事、书写情感。广播剧《风声》讲述了地下抗日组织的抗争故事，线上剧本杀《清澈的爱》讲述了李白等革命先烈的英勇事迹，话说党史《觉醒年代》重述了建党初期的革命历史，90 后红军守墓人冯炼、开国总理周恩来等伟人故事都曾走进红星电台的节目。一个个感天动地、入耳入心的党史故事，用声音描绘出时代的画卷，呈现了中国共产党的苦难历史与辉煌成就，致敬历史、致敬英雄、致敬国之栋梁，激励广大青年踔厉奋发、笃行不怠，这就是红星电台想要传播的红色正能量。

TONGJI UNIVERSITY
COLLEGE OF DESIGN AND INNOVATION
淬煉紅心電台　學黨史系列節目《風聲》廣播劇
風
聲

广播剧《风声》

2. 创新驱动、多元呈现，提升文化渗透力

面对互联网信息的大量生产和快速传播，媒体宣传充满着机遇和挑战，这使得电台必须加快创新探索的脚步。在形式呈现方面，电台推出了“话说党史”“连载广播剧”“线上剧本杀”等多个栏目，分别将党史故事、电影剧本、伟人事迹等改编成节目剧本，反复推敲、精益求精，进行不同形式的声音演绎；同时，发挥专业特长，将视觉设计和体验设计服务于电台的传播。

定制海报、后台纪实、短视频、交互推送、有奖竞猜等表现形式上的创新，不断刷新同学们对传统电台在制作和传播上的认知——“原来电台不仅可以好听，还可以这么好看好玩”。多元的呈现方式，提高了电台的传播性，增强了红色教育的趣味性，提升了红色文化的渗透力。

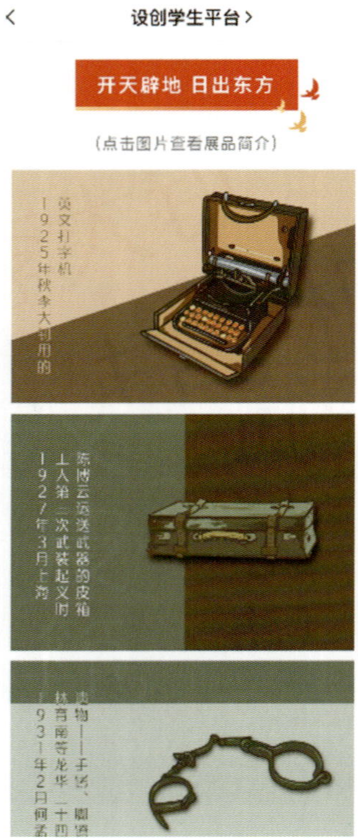

中共一大会址有声微展厅

线上剧本杀《清澈的爱》

3. 五位一体、过程管理，加强党员教育力

学生党员的教育和管理，入党积极分子的培养与联动，是学院党委一直在探索的重要命题。“淬炼红星”电台的建设将党员与入党积极分子联动起来，每期建设不同的节目组，由党员做牵头负责人，充分发挥党员的先锋模范作用，带领入党积极分子培养学习兴趣和自主学习能力，电台的创作过程已经成为党员自我教育和管理的实践路径。

同时，电台创作过程坚持“学、视、听、触、写”五位一体的学习模式，开展集中党史理论学习（学）；为节目创作打好基础，发挥专业特长为节目制作视觉海报（视）；突出故事背景和人物特征，增添趣味性和吸引力，通过配音、旁白等声音带入故事情境与心境（听）；用手触交互来辅助声音引导故事走向（触）；增强电台的体验效果，最终请主创学生撰写心得体会（写）；加深理解与感悟，巩固理论学习知识，全方位、全过程加大党员的教育力度。

党员与积极分子录制“淬炼红星”电台

3.1.3 项目成果

“淬炼红星”电台不仅是学院推动党史学习教育多样化实践的重要一步，更是学生党员间传承红色精神、发展新生力量的标志性活动。它已成为学院培养和发展党员的关键环节，入党积极分子在电台的创作过程中，深入了解党的光辉历程和伟大精神、研习党的理论精髓，党支部也通过电台的活动平台更全面地观察和评估积极分子的表现。“淬炼红星”电台不仅使红色基因在新时代焕发出新的光彩，更凝聚了青年一代的力量，引导他们砥砺前行。在学院党员的悉心指导下，积极分子们积极投入创作，充分发挥设计学科的专长，为红色历史注入新的活力，为时代英雄铸就永恒的纪念，共同书写党史的辉煌篇章，传承红色文化的宝贵财富。

党员与积极分子录制“淬炼红星”电台

“百米长卷”现场全貌

3.2 卷长情深，“百米长卷”献礼建党百年

3.2.1 项目介绍

百年风采，一朝数览；卷长情深，创意献礼。为庆祝中国共产党成立 100 周年，设计创意学院党委主办卷长情深“百米长卷”艺术创作活动，活动按照“学史、寻迹、铸魂、创造”四步走的方式分别开展了党史学习、红色遗址参访、舞台剧创作、场馆绘制等系列活动，旨在发挥设计学科的特点与优势，深刻回顾党的百年发展历程，将理论知识与经验用艺术绘制方式进行可视化表达，用符合时代审美的艺术作品提升理论学习的趣味性。活动由学院本科生党支部、教工党支部协同组织，马克思主义学院、建筑与城市规划学院、艺术与传媒学院共同参与，充分调动党员主观能动性，加强学生党员和教工党员的协力，发挥基层党组织的对外联络，提升党员综合能力素质，增强基层党组织的凝聚力、协作力和影响力。

学生绘制“百米长卷”

退休教师、“同二代”小朋友共同参与绘制“百米长卷”

3.2.2 实践内容

1. 学史：鉴往知来悟思想

扎实的理论基础是活动开展的必要前提，本科生党支部每月开展 2 次理论学习和专题研讨，运用信息可视化方式梳理党史脉络，开展“故事会”讲述红色事迹，分别对中国共产党党史进行深入学习和研究，特邀马克思主义学院副教授李雅茹进行指导。在充分学习研究和李老师的建议下，将长卷的创作主题按照建党百年历程分为“新民主主义革命时期”“社会主义革命建设时期”“改革开放时期”与“中国特色社会主义进入新时代”四个篇章，细分为 32 个事件，对党的发展历程做了完整的回顾与梳理。多次的党史学习有效提升了学生党员的理论知识储备，为下一步长卷绘制打下了坚实的基础。

2. 寻迹：追根溯源忆初心

理论需要联系实际，实践学习能够加深党员对理论知识的认识。为重温光辉历史、缅怀革命先烈、传承红色基因，本科生党支部结合非遗文化体验，赴江苏省常熟市沙家浜参观访学，开展了一次别开生面的党史“寻迹”实践活动。支部在沙家浜景区观阅抗战纪念碑，游览沙家浜革命历史纪念馆，并参与体验现场非遗创作，以党旗为主题，通过麦秆画、蛋雕、手工皮具和压花蜡烛等形式，体会传统手工艺人的匠心和使命。活动积极探索实践学习的新方式，有效提高了党史学习的成效。本科生党支部的实践学习开启了学院“寻迹”党史访学的第一站，不同党支部陆续前往不同的红色遗址开展访学之旅。

沙家浜寻迹学史之旅

“薪传百年 · 济创未来”庆祝建党百年晚会合影

3. 铸魂：薪传百年颂华章

“薪传百年 · 济创未来”庆祝建党百年晚会在学院大厅成功举办，除了青春活力的歌舞节目外，晚会还注入了不少红色元素，其中包括由本科生党支部策划排演的党史舞台剧《同心同德，百年芳华》和党员采访视频《我和党的故事》。舞台剧演绎了中国共产党的光辉历程和设创人的逐梦岁月，展现了在星火初燃年代、抗击疫情时期、学院创新发展阶段，中国共产党的风雨兼程、全国人民的众志成城和设计创意学院师生的开拓奋进。视频《我和党的故事》向设计创意学院的师生们传递共产党人的入党历程、初衷和理想，拥有不同经历的他们在视频中共同对走过百年的中国共产党告白，祝福伟大的党永葆青春、再创辉煌。

4. 创造：“百米长卷”献礼建党

卷长情深“百米长卷”由设计创意学院、艺术与传媒学院、建筑与城市规划学院共三院的党员、积极分子师生共同创作完成，并在校内进行了巡回展览和线上交互展示。创作活动在“七一”中国共产党建党纪念日于同济大学新体育馆前人工草坪举办，三院师生与校院领导、离退休教师、“同二代”等二百余名现场观众开展了一次特色党建活动，齐力谱写百年红色历史，擘画华夏美好未来。15 组团队围绕 15 个主题（开天辟地、红船精神、井冈山精神、长征精神、延安精神、新中国成立、大庆精神、“两弹一星”精神、改革开放精神、人类命运共同体、大国重器、小康生活、抗疫精神、能源未来和中国梦）开展创作，每个主题由 1—2 名主要创作同学在 1 位专业老师的指导下完成前期的内容设计，并现场进行艺术绘制，创作方式涵盖手绘、国画、拼贴、版画和机械臂等多种形式，用长卷献礼建党，以深情告白祖国。

“百米长卷”开天辟地篇章绘制成果展示

“百米长卷”人类命运共同体篇章绘制成果展示

机械臂绘制“百米长卷”

3.2.3 经验总结

1. 抓好队伍建设，促成团队管理“内生力”

本科生党支部是学院发展党员的先锋部队，有着光荣的使命和艰巨的任务，培养吸收优秀学生加入党组织是支部的工作重点。长卷活动建设时间周期长，工作开展难度大，是对整个支部队伍建设与管理能力的一次考验。为了高效地推进工作的开展，党支部组建了不同的项目分队，由党员牵头积极分子参与，以项目制的形式开展各项支部活动，加强党员与积极分子的联动与黏性，营造学生党员自主运转的工作模式。在提升整体队伍素质的过程中，也期冀学生党员能够在学生群众中起到带头作用，吸引更多的优秀分子加入支部。

2. 发挥专业特长，激发文化活动“创造力”

“卷长情深，百米长卷献礼建党百年”活动的建设深度结合了设创学子的专业特长，为创新赋能文化，并将设计的影响力辐射至更多的人民群众。以“百米长卷”为例，对党史内容进行艺术创作，发挥了艺术类学生的专长，更加生动地呈现文字形式记录的史学内容，让更多的人愿意读史看史，了解党的智慧结晶，并最终进行深刻理解和运用。活动的组织者与参与团队更是直接受益，不仅系统学习了党史，也对自己的专业有了更深刻的认识。也期冀学生党员可以在学生群众中起到带头作用，吸引更多的优秀分子加入支部。

3. 联动兄弟院系，锻炼支部骨干“交流力”

“卷长情深，百米长卷献礼建党百年”活动的亮点与难点均在于参与活动人数多、辐射面广，并实现了院级联动，促进了多方合作。在这个过程中，本科生党支部的骨干们面临着难度较大的对接任务，需要解决推进过程中的各种问题。如何从学院的组织构架中跳出来，组织带领更多的团队有序参与活动中，是骨干们在项目中重点思考的问题。在这样的机遇下，大多数骨干的能力得到了有效的锻炼和提升，他们也意识到了无论是工作、学习还是生活，与人沟通交流都是非常重要的能力。

“百米长卷”参与师生与工作人员合影

3.3 百年芳华，师生舞台演绎峥嵘岁月

3.3.1 项目介绍

为向中国共产党成立 100 周年献礼和同济大学 114 周年校庆献礼，设计创意学院本科生党支部联合教工党支部主创、学院师生共同参与的师生原创红船精神舞台剧《同心同德，百年芳华》成功首演。舞台剧共分为“红船薪火”“乡村振兴”“齐心战‘疫’和“同‘济’未来”四大篇章，围绕“同心同德，百年芳华”主题，以诗歌、独唱、合唱、歌舞、朗诵等艺术方式，将中国共产党百年厚重磅礴的发展历史与学院开拓奋进的发展历程相凝结，展现了红船精神照耀下同济大学与设计创意学院英勇奋进的逐梦岁月。

舞台剧《同心同德，百年芳华》剧照

3.3.2 实践内容

“数风流人物，还看今朝。”序幕湘语诗朗诵《沁园春 · 雪》气势磅礴，时任设计创意学院副院长徐江教授用原汁原味的湖南家乡话深情朗诵，拉开舞台剧的序幕，也将时光拉回到共产党人艰苦卓绝的革命年代。

《沁园春 · 雪》剧照

1. 红船精神、薪火相传

“红船薪火”以革命前辈与当代青年穿越时空对话的形式，回顾了中国共产党百年历史的峥嵘岁月，重点彰显了红船精神的伟大传承，这种精神不仅激励了革命前辈们在艰难困苦中勇敢创新、开辟新天地，更为当代青年指明了前进的方向。作为新时代的青年，要牢记历史嘱托，继承和发扬红船精神，砥砺前行，为实现中华民族伟大复兴贡献自己的力量。这不仅仅是对过去的致敬，更是对未来的展望和期许，激励着当代青年学子不断前行，为实现中华民族伟大复兴而不懈努力。

“红船薪火”剧照

2. 设计助力、乡村振兴

“乡村振兴”以学院“设计丰收”项目为背景，生动展现了师生们如何将创新理念与实际行动相结合，积极投身于服务祖国与人民的脱贫攻坚战，为乡村振兴注入新动能。百年前，革命先辈们凭借农村包围城市的创新战略，引领中国革命取得辉煌胜利；百年后，青年学生对美好生活的追求与憧憬依然可以扎根于广袤的乡村。这一幕幕彰显了学院师生对红船精神敢于创新、勇于开拓的传承，学院师生尝试运用“针灸式的可持续设计方略”，精准施策于城乡发展问题，并通过“设计思维”整合城乡资源，以期实现城乡之间的和谐共生与共同繁荣。

“乡村振兴”剧照

3. 齐心战“疫”，攻坚克难

“齐心战‘疫’”以第三人称视角展现了同济师生在新冠疫情期间的团结与拼搏。面对重大公共卫生危机，公共卫生基础设施的重要性凸显。同济大学上海国际设计创新研究院的常务副院长苏运升老师，深刻认识到设计的巨大潜力，坚信它能在应对人类挑战时发挥关键作用。

怀着对专业的执着追求，苏老师带领跨专业、跨学科团队，成功设计研发了“火眼”实验室，用于新冠病毒的核酸检测。这一创新成果，对多个省份的疫情防控和医疗救治工作产生了积极影响，成为应急公共卫生基础设施的重要组成部分。苏老师及其团队以实际行动诠释了抗疫的“中国速度”与“中国智慧”，展现了同济人将专业精神付诸实践，为祖国和人民贡献力量的风采。

“气膜版火眼实验室”设计团队助力抗疫

“齐心战‘疫’”剧照

4. 凝心聚力，同“济”未来

“同‘济’未来”这一幕以动画与朗诵的方式呈现了同济人眼中的 2035，表达了同济人对未来生活的美好期望和为未来奋斗创造的坚定信念。革命前辈、当代青年、“同二代”同时登台，抒发了三代人的心声，再次呈现了红船精神的代代传承。第一幕“红船薪火”中的时空对话通过同济人的躬行实践找到了答案，孩子们稚嫩的声音让人对未来充满向往与信心。从 1921 到 2021 年，是历久弥新、生生不息的红船精神，让中国人民找到了实现中华民族伟大复兴的正确道路，取得了举世瞩目的成就。从 2021 再到 2035 年，未来的中国必将在中国共产党的领导下更加美好，同济人也将矢志不渝地继续服务于祖国和人民的伟大事业！

“同‘济’未来”剧照

3.3.3 经验总结

这部舞台剧的成功首演，不仅是数月筹备的结晶，更是众人智慧的体现。学院师生倾注心血，紧密合作，共同筹备了一场意义非凡的舞台剧。这段时间里，无数的智慧火花碰撞，大家齐心协力，将党的精神融入每一个细节之中，展现了同济人万众一心、追求卓越的坚定信念。这次的舞台剧只是众多感人瞬间的一个缩影，未来，将会有更多动人故事在同济上演，传承和弘扬党的精神，擦亮同济人追求卓越的鲜亮底色。期待这些故事在同济的每一个角落绽放光彩，激励着一代又一代同济人不断前行。

3.4 数说故事，数据工坊传承红色基因

3.4.1 项目介绍

“数说红色故事”工作坊，由学院智能大数据可视化实验室（iDVX Lab）携手研究生第五党支部共同发起，旨在借助数据可视化技术，为红色文化与相关知识注入新的活力，以此提升红色理论与红色知识的宣传教育效果。工作坊采用先进的数据可视化与信息化设计理念，深入挖掘红色历史数据的内在价值，精心创作出一系列既富含信息深度又兼具视觉美感的数字化红色故事，为红色文化的传承与发展贡献一份力量。

工作坊对外公开招募，吸引了众多热爱红色文化、具备创意才华的学子踊跃报名。经过严格筛选，最终有 20 名优秀学员脱颖而出，他们来自工业设计、建筑学、视觉传达设计等多个领域，既有学院内不同党支部的党员，也有同济大学在校学生和同济大学建筑设计研究院的设计师，还有中国美术学院、南京大学等兄弟院校的优秀学子。经过一下午的紧张学习与实践，学员们纷纷表示，此次活动不仅让他们深入了解了红色文化的内涵，而且在实际操作中收获了宝贵的经验和技能。

3.4.2 项目成果

1. 专业实践与红色教育的融合课堂

经过简单破冰和分组，支部党员对红色数据背景、数据可视化与数据故事的基础概念进行了讲解。在党的百年征程中，留下了无数光辉的故事。“欲知大道，必先为史”，习近平总书记多次强调，“历史是最好的老师”。在学习党史、阅读红色故事的过程中，可以从党的光辉历程和伟大业绩中获得继往开来的强大动力，永葆向未来奋进的初心与活力。工作坊将数据可视化与红色故事相结合，讲述基于事实与数据支撑的红色数据故事，对于更好地讲好红色故事、发扬红色传统、传承红色基因有着十分积极的意义。通过实验室老师对相关基础理论和案例的讲解，同学们对于“如何用数据讲故事”有了初步的认知与理解。

2. 创新助力红色记忆活起来

红色数据集包含了“红色电影票房”“红色旧址”“红色旅游数据”以及“早期革命中的女性党员”四个主题，学员以小组为单位，针对围绕数据集进行头脑风暴，设计一个完整的数据故事，并绘制分镜故事板。旨在以具体的案例，在实践中体验数据故事的创作全过程。同时，以数据可视化的方式革新红色知识文化的宣传教育方式，拉近红色知识文化与青年人的距离，以更为直观、有趣的方式对红色知识文化进行再创作。学员通过彩色笔、铅笔、便利贴等材料表达创意。

副院长曹楠老师致辞

工作坊现场

学生讲解创作理念

3. 从红色故事中汲取守正创新力量

在分享环节，各小组纷纷亮相，展示了他们精心创作的“红色数据故事”。这些作品风格多样，有的以图表为主，清晰直观地展示数据；有的则以叙述为主，深情地讲述红色故事。在交流中，大家互相学习，深刻感受到数据故事与红色文化结合的独特魅力。每个小组都将抽象的红色数据集转化为生动具体的故事，使观众能够更直观地理解和感受红色文化的内涵。尽管工作坊时间短暂，但众多创意作品的诞生，为红色文化的传播增添了新的活力。

“数说红色故事”活动合影

3.4.3 经验总结

“数说红色故事，承传红色基因”——在这次特别合作的工作坊中，参与者们不仅致力于传承红色精神，而且也掌握了一门新的技术，使得红色文化的学习变得更为生动和有趣，从而提升政治理论学习的质量。他们坚持政治性、思想性和艺术性的统一，运用史实作为依据，显著增强了红色故事的表现力、传播力和影响力，使得红色文化得以生动传播。最终，他们成功创作了一系列兼具信息深度和视觉美感的数据可阅读的红色故事，为未来红色知识的传播开辟了更多可能性。

"数说红色故事"活动合影作品在微信公众号、微博、网页端等多种多样的展现形式

3.5 图说大会，交互解读深化学习体会

3.5.1 项目介绍

2022 年 10 月 16 日召开的党的第二十次全国代表大会，是党在全面建设社会主义现代化国家新征程上的重要节点。为了深入学习和研究党代会的历史与内涵，设计创意学院本科生党支部启动了"图说二十大"同济大学学生党建"对标争先"建设项目，旨在通过数据视角对党代会及大会内容进行深入的研究和学习，并发挥自身专业所长，将党代会的内容进行可视化呈现以扩大传播效果，让更多人能够深入了解并感受到党代会的重大意义。

经过多次筹备和讨论，同学们整合了丰富的报道和文章，完成了近 2 万字的文稿整合。项目分为四个部分进行：首先，通过前期调研深入了解党的二十大内容；其次，利用可视化技术将党代会的内容转化为生动的视觉表达；再次，通过动态交互推送形式进行广泛传播；最后，通过知识竞赛等活动，促进支部内部学习和外部输出的良性循环。通过这一项目不仅加深了党员对党代会历史与内涵的理解，也展现了设创学生在设计和信息传达方面的专业能力。

3.5.2 实践内容

1. 党的二十大内容调研与解读

支部通过深入研究官方网站和新闻报道，系统梳理了关于党代会代表、党代会历史及党的成就等多方面的信息。这些信息被细分为结构化数据和非结构化数据两大类，并据此形成了四个主要展示板块。首先，团队介绍了党代会和两会的基本概念、召开频率及职能。其次，通过图解关键词的方式，提炼了党的二十大报告中的核心数字和概念，如“三个务必”“五个坚持”等，帮助公众更好地理解会议精神。在图解代表构成部分，团队详细分析了二十大代表的选举过程、结构分布及特点，并以可视化方式展现，展现了代表的广泛代表性。最后，团队聚焦上海代表，通过具体案例，展示了这些代表在各自领域中的积极贡献，拉近了公众与党代会之间的距离，使会议精神更加贴近人民生活。

“图说二十大”党支部专题学习与研讨

2. 党的二十大内容视觉转译

党的二十大内容经过同学们的视觉转译，整理成微信公众号推文，这篇推文独具匠心，以复古的配色和红色复古插画为基调，巧妙融入拼贴艺术元素，将数字和手势做联觉，将图标与剪贴式图片联结，增强了推文的交互性质，提升了用户的视觉感官体验。这种设计巧妙地将人们对红色文化的经典印象与拼贴几何的现代风格相融合，使得推文在传达信息的同时，也完成了一次视觉上的革新。通过这种创新的手法，信息得到了二次转移，内容更加丰富多元，也更易于被读者理解和接受。

3. 党的二十大内容动态交互推送

以 SVG 动画为主要形式的推文将内容分为了两个层级，在第一层级显示每个部分的简要内容，如第二部分“图解关键词”中只显示手势和数字。

通过点击对应的手势，可展开更多的详细内容，即第二层级内容，如“三件大事”的具体信息，实现展开更多内容或翻页的动效。这样的排布可以让读者看到简要的内容，保证推送的简洁性，同时读者也可以根据自己感兴趣的内容做进一步的了解，保证推送的内容丰富性。

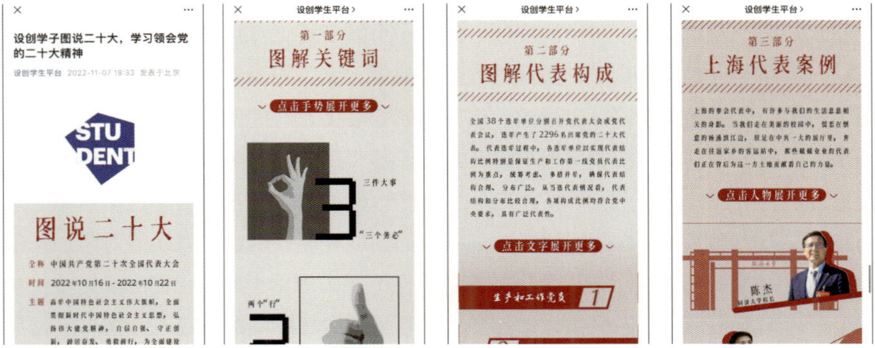

“图说二十大”动态交互推送截图

4.“图说二十大”知识竞赛

设计创意学院本科生党支部精心策划了一场内部知识竞赛，以推送内容为基础，通过多角度的问答形式，使成员们能更系统、更深入地理解党的二十大精神。竞赛不仅激发了成员们对党的方针、准则的认同，也坚定了履行党员职责和使命的决心。党员们对此次竞赛热情高涨，纷纷表示这种互动问答的方式新颖且效果显著，不仅加深了理论学习的深度与广度，而且激发了支部成员对理论学习的热情。同时，这种学习方式也有助于将党的理论和政策更有效地传播给广大师生，增强了党的传播力和影响力。

3.5.3 经验总结

通过本项目的建设，设计创意学院本科生党支部不仅深入剖析党的二十大的核心要义，更期望构建一套“学习调研、知识内化、创意设计、广泛推广”四位一体的学习宣传范式。一方面促进支部党员深化理论学习，保持理论扎实稳固，实现学习与研究的紧密结合。另一方面将学习与宣传一体化连接，学习成果直接转化为宣传材料，从而更有效地传递党的声音，扩大影响力。

值得一提的是，iDVX Lab 的老师同学们后续还围绕“在韩中国人民志愿军烈士遗骸归国十周年”这个庄严的主题，做了一个基于视觉传达的数据新闻报道。报道与人民网社交媒体部合作，数据由人民网提供，老师和同学们发挥专业所长，呈现了一个以可视化情感设计为理论，信息插图为载体，时间叙事为结构，信息对比为手段的叙事性可视化视觉呈现与设计方案。整个作品被一条飘舞着的红色丝带划分为上下两个部分，分别诠释了十年间（2014 年 — 2023 年）祖国日新月异的蓬勃发展，与志愿军战士在朝鲜战场上艰苦卓绝的战斗场景形成了鲜明的对照。一位微博网友这样评价道：“看到为国捐躯的中国人民志愿军十批烈士们回家的步伐与十年来祖国发展跨时空的同步，仿佛烈士们看到了今日中国的稳定与强盛”。作品最终得到了人民网的肯定，在人民网微博、微信、网页端、人民网 + 客户端发布《英雄回家 | 今日，山河盼归！》数据长图（20cm × 240cm），双微阅读数超 52 万，转评赞 1000+，话题 # 一人一句迎英雄回家 # 阅读数 5200 万，登上人民网首页焦点图，获中央网信办全网置顶转发，被全国近百家媒体转发。

第 4 章

课程
思政

教育目标的最终实现，依赖于各种教育资源及教育方式、手段的协同作用，必须把握第一课堂绝对优势的主体地位，挖掘课程中的思政元素。学院深挖思政元素，设计协同共生的思政课程体系。

学院学生工作在课程思政建设上，秉持理念建设有队伍：凝心聚力成立“课程思政教学研究中心”；人才培养有亮点：开创“文创 + 思政”设计人才教育模式；课堂联动有方法：凝炼“文创 + 思政”设计教育教学成果；协同共创有成果：设计创意学院文创基地建设记录四部分思路展开，勾勒出一条同济设计学不断演进的探索轨迹——将设计置于不断变化中的社会、经济和技术背景，改变设计研究和教育。

4.1 理念建设有队伍：凝心聚力成立“课程思政教学研究中心”

4.1.1 项目介绍

为全面贯彻落实党的二十大精神，深入推进“三全育人”综合改革示范建设，落实立德树人根本任务，扎实推进课程思政建设，学院成立“课程思政教学研究中心”，特邀同济大学建筑与城市规划学院王云才教授和设计创意学院范圣玺教授担任课程思政教学研究中心指导专家。设计创意学院课程思政教学研究中心对推进和深化课程思政教育发挥积极作用，进一步提升教师教书育人水平，结合国家、区域发展战略，服务学生职业发展需要，深入挖掘课程思政育人元素，激发学生学习、思考的热情，帮助学生树立正确目标，为党育人、为国育才，落实立德树人根本任务。成立课程思政教学研究中心，重在挖掘专业课程德育内涵和红色基因，统筹谋划学院课程思政建设，做好育人教学设计，修订设计类专业课程思政教学大纲，制订课程思政建设激励机制，打造思政金课，推进建设设计学课程思政系列教材，培育名师，做到思政教育与专业教育的同向同行。

4.1.2 实践内容

学院加大课程思政培育和建设力度，完善专业教师激励机制。将思想引领工作量纳入学院评奖评优评估体系，并在年终考核绩效奖励中统一核算，建立制度化保障。加强在专业技术职务评聘及考核续聘中的思政考核评价环节，开展课程思政授课比赛，明确“为党育人，为国育才”的思政育人的能力评价导向和实际成效考察，优化修订相关教学规章制度。推进课程思政建设，设立院级课程思政评审机制，建立课程思政专项基金。学院围绕示范课程开展研讨，成立课程思政教学研究中心，举办教育教学公开课，连续十年举办“新兴实践”设计研究与教育会议，专注于在设计研究和设计教育最前沿兴起的思想和实践。

我心目中的“NICE 老师”颁奖典礼

“NICE 老师”柳喆俊

学院注重对教师师德师风的引领。举办“NICE 老师”颁奖典礼，表达同学们对老师们的喜爱与感恩之情，由同学们选出来的“NICE 老师”不仅在教学、科研、社会贡献等各方面取得了突出成就，更是同学们眼中厉害、给力、活力、亲切、可爱的老师。颁奖典礼上，娄永琪、王衍、郭城、张屹南、柳喆俊 5 名老师现场“出道”，分别获得了“老师好厉害”“老师好给力”“老师好活力“老师好亲切”“老师好可爱”的奖项，另外还有 20 名老师获得了“NICE 老师”提名奖，校院领导和学生代表共同为“NICE 老师”颁奖。学生心目中的好老师评选活动是学院“师德师风”建设工作的重要环节，表彰设创教师团队的突出奉献，树立教师榜样模范，为教师团队注入精神动力。

4.1.3 项目成果

经过学院对课程思政的大力重视，教师相关获奖成果丰硕：范圣玺教授的“设计、生活与创新”课程曾先后获得 2019 年上海高校课程思政教育教学改革试点重点示范课程、2022 年上海市课程思政示范课程，该课程教学团队还荣获 2022 年上海市课程思政示范课程团队；他的“设计的行为学与认知学研究”课程荣获 2022 年同济大学课程思政示范课程。此外，学院还有多位专业教师潜心探究课程思政建设并获得佳绩，徐江教授的“设计管理”课程荣获 2023 年首届上海课程思政教学设计展示活动一等奖、2022 年同济大学课程思政示范课程，“设计、创新与管理”课程荣获 2021 年同济大学研究生课程思政示范课程；宋善威副教授的“非遗走进现代生活”课程荣获 2020 年同济大学课程思政示范课程。

4.1.4 经验总结

学院加大课程思政培育和建设力度，将思想政治意识形态教育与专业课程进行融合，拓展思想政治教育的内涵，实现知识传授与价值教育的双重功能。结合国情民情强化设计实践拓展和设计案例线上拓展，形成具有中国特色的设计思政课程体系。全面修订课程教学大纲，将思政教育融入每门课程，实施模块化教学，要求所有课程教师结合中央精神、国家战略、红色传承等进行“立德树人”内涵设计，实现“课程思政”全覆盖，适当添加思想政治教育教师授课模块。修订设计类专业课程思政教学大纲，打造思政金课，培育名师。面向国家战略需求和世界可持续发展，基于“领异标新、兼容并包、知行相资”理念，探索世界一流创新设计人才培养的中国路径。

4.2 人才培养有亮点：开创“文创 + 思政”设计人才教育模式

4.2.1 项目背景

文化是民族的文脉血脉，是人民的精神家园。坚持以文育人，是加强高校思想政治工作的重要举措，也是办好中国特色社会主义大学的内在要求。2021 年 3 月，习近平总书记在福建武夷山考察时指出，“我们要特别重视挖掘中华五千年文明中的精华，弘扬优秀传统文化，把其中的精华同马克思主义立场观点方法结合起来，坚定不移走中国特色社会主义道路。”习近平总书记在庆祝中国共产党成立 100 周年大会上提出要坚持把马克思主义基本原理同中国具体实际相结合、同中华优秀传统文化相结合。“两个结合”将中华优秀传统文化的地位和作用提升到一个崭新高度，这为新形势下学院更好秉承文化育人新理念，探索思想政治工作新举措提出新的更高要求。

4.2.2 实践内容

共同的目标使命和兴趣志向是联结“三全育人共同体”的前提要义，在学院党委统一领导下，学院紧扣“三全育人”路径，调动学院全员力量，围绕一个中心、多面辐射的工作思路，建立制度化保障机制。紧密围绕课堂、学校、社会三大圈层，坚持以文化育人为办学特色，以服务全校美育教育为己任，构建教育融通、全程融入、资源融合协同循环体系，引导师生在文化传承创新中增强文化自信，将审美教育辐射到更多非艺术类专业学生，凝炼工作模式和成果库，助力学校美育事业，建立上海乃至全国范围内具有影响力的文化育人品牌。

践行“文创＋思政”思路，建立“一体两翼三圈”育人格局。文创结合思政的育人模式是以文创为载体，思政为内涵，通过“文创＋思政”的方式催生出不同寻常的育人效果，使思政赋能文创，以创新为引领，以问题为导向，将“同济天下”作为创新引领，解决育人实际问题，使高校人才培养工作更上一层楼。学院以第一课堂为主体，深入挖掘课堂育人内涵；以专业老师和行政人员为两翼，充分发挥管理和科研育人功效；以校友、外籍教师、产业合作方为育人辐射圈，积极打造协同育人平台。依托学院作为上海市大学生文创实践基地，在文创艺术设计中融入正能价值倾向和家国情怀，使艺术设计课程蕴含丰富的思政元素，带领学生为社会公益创作文创产品。

4.2.3 项目成果

同济大学获批首批上海市大学生文创实践基地，设计创意学院作为基地建设任务的承担者和文创思政的实践者，连续运营建设同济大学大学生文创实践基地。自2019 年以来，在上海市教委、同济大学学生处的指导下，基地建设运营了“文创课程研发平台”“文创实践活动平台”“文创产品项目孵化平台”“文创实习就业平台”四大平台，共计 10 门课程、67 课时的开发及实施；开展各类分享沙龙、实践活动等 60 余次，覆盖 1500 余人次；为学生提供实习岗位 25 类，180 余人次；孵化文创项目 7 个；开发“百年高校”、二十四节气等各类文创产品共计 10 个系列 50 余个作品。

未来，同济大学大学生文创实践基地将继续深化四大平台的建设，全面提升大学生综合实践能力，将基地建设成为特色鲜明、富有影响力的文创类大学生就业创业示范基地，进一步提高文创类大学生相关产业创新创业的能力，在提升大学生综合素质的同时，逐步实现全方位育人的人才培养理念与目标，促进文创产业人才的培养和服务质量。

4.3 课堂联动有方法：凝炼“文创 + 思政”设计教育教学成果

4.3.1 项目介绍

学院鼓励第一、二课堂联动，构建协同共生的互融育人环境。采用板块化教学，推动第一、二课堂联动，倡导专业老师多到思政课“串门”，指导社会实践、对标争先项目等；邀请思政辅导员走进第一课堂授课，为理想信念教育助力。

4.3.2 实践内容

范圣玺教授的选修课程“设计、生活与创新”以二十四节气为契机弘扬传统文化，引导选课的 24 位工业设计专业硕士生，每人以一个节气为题，创作 24 件节气作品。作为运行千年的中国人特有的时间知识体系，二十四节气时至今日仍指导着人们的农业生产，也影响着人们的衣食住行，甚至是文化观念、思维模式和行为准则，是中华民族文化认同的重要载体。创作的过程也是同学们建立文化自信、加强思想引领的过程。学生的高涨热情，引发了学院党委对专业课程中思想引领的深入思考。2020 年 12 月，在庆祝中国共产党成立 100 周年之际，学院党委牵头，教工党支部和学生党支部共计 120 余名师生党员、60 余名教职工参与，共同呈现了由“节 · 器”“济 · 节”“情 · 节”“节 · 乡”“食 · 节”五个部分组成的“行律千年，东方意蕴：二十四节气创意作品展”，践行“以文育人、以文化人”教育理念，让非遗走进校园，走进生活，让文化滋养心灵。

“行律千年，东方意蕴：二十四节气创意作品展”海报

“行律千年，东方意蕴：二十四节气创意作品展”现场

“行律千年，东方意蕴：二十四节气创意作品展”开幕

“十米长卷”是设计创意学院开设的本科生设计基础课程，旨在训练同学们重新审视眼前的一切，将自由的想象力、独立的表达能力、独到而宽广的眼界以及深厚的学养积累相结合，鼓励学生进行创造性的思考，而非流于视觉形式的表层。为庆祝新中国成立 70 周年，学院师生组织开展“卷长情深”——70 米长卷艺术创作活动，用独特的方式绘出祖国的伟大成就，表达设创人对祖国的赤诚热爱。长卷艺术创作活动是由此项课程演化而来，结合学院跨学科交叉创新、鼓励学生们自由创作的学科特点，采用中国传统国画的绘画形式，以学院独有的方式献礼祖国。

“卷长情深”70 米长卷艺术创作活动现场

卷长情深，“百米长卷”献礼建党百年活动

2021 年 6 月，学院再次将专业课程中的“十米长卷”课题引入第二课堂，引领 18 名专业教师、206 名学生联动建筑与城市规划学院、艺术与传媒学院在四平路校区齐力绘制卷长情深，献礼建党百年“百米长卷”，将中国共产党百年征程跃然纸上。长卷分为“开天辟地”“延安精神”“中国梦”等 15 个主题，15 个团队、18 名指导老师、206 名学生党员及积极分子齐力绘制，运用不同的艺术表现形式展开创作，诠释对党史精神的理解，展现活力无限的绘创风采。活动也获“学习强国”、新华网、人民日报、中国青年报、中国教育等多家媒体宣传报道。

2023 级“设计认知实习”课题要求基于一处地方标志性元素，利用 AIGC 技术进行文创设计的衍生，旨在深度挖掘地方文化底蕴与特色资源，通过 AIGC 技术赋能，保留传统韵味，融入现代审美与科技元素，实现地方文创产品的创新与升级。通过此课题，学生们深入了解城市现状及其文化，并站在更高的角度思考未来城市文化发展的可能性，从感性和理想的角度，充分设想在 AI 时代来临后城市会发生什么样的变化，并掌握 AI 工具在城市设计中的应用，通过 AIGC 为地方文创赋能。

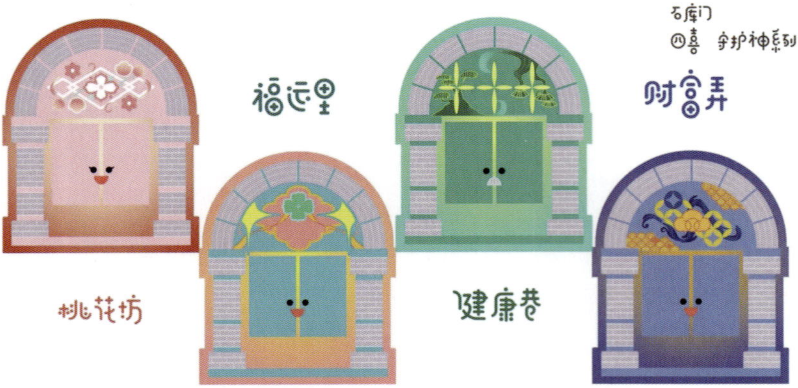

此外，学院多位老师曾担任学校“对标争先”建设项目指导老师，辅导员多次走进第一课堂授课，加强理想信念教育。学院构建协同共生的互融育人环境，践行全员育人教育理念，实现了从第一课堂到第二课堂的联动，上好了全员育人的思政大课。

4.4 协同共创有成果：文创基地建设推动校园文创生产力

为切实推进“以美育人、以文化人”工程，在专业实践中落实育人导向，创新教育理念，实现文化育人的内涵式发展。设计创意学院积极申报上海市大学生文创实践基地建设，成立同济大学大学生文创实践基地，由学生工作办公室负责具体实施。

基地依托同济大学设计、艺术、文化创意产业等文创类学科的优势，协同零到壹孵化器（021Incubator）、上海同济天地设计创意有限公司等合作企业，开拓街校共建、校企共创新模式，通过“校区、园区、社区”三区联动，将学校的人才培养与就业创业相结合，为学生提供设计、文化创意产业管理、多媒体制作等方向的基地实习实践、就业创业机会。同时，文创基地建设紧密围绕立德树人教育理念，以社会主义核心价值观为引领，通过文化育人载体，构建体现学院特色的“大思政”育人格局，结合学院“三全育人”综合改革工作，形成扎实且具有影响力的校园文化品牌。

4.4.1 团队熔铸，聚合共享资源

人才培养是思想政治教育发展的根本，实现育人成效最大化的基础则是有一支坚实的团队，学院将教师队伍建设与学生队伍建设两手抓，坚持立德树人根本任务，弘扬师德师风文化；成立学生宣讲团队，在社区服务、文化传播等方面通过榜样模范作用，增强当代大学生的文化自信。通过一系列文化创新活动，成功搭建起文化育人和思想引领的平台，形成独具特色的文创品牌，具有广泛的影响力强和覆盖面。

文创基地的成功运作关键在于其三大核心团队的协同合作。管理运营团队凭借丰富的经验，结合校企资源，确保基地高效运转。高校导师团队由知名专家组成，为文创实践提供学术支持。文创实践导师团队则由非遗传承人、设计专家及企业负责人构成，负责传统文化培训、课程开发、项目导入和对外交流。项目整合文创、商业、创新创业项目等资源，使大学生能深入参与项目，实现理论与实践的有机结合。通过与 20 家企业的紧密合作，该基地为大学生提供了丰富的学习和实践机会，有力推动了他们的全面发展。

4.4.2 建设内容：多维育人平台，推动人才培养质量

文创实践基地通过构建四大平台——“文创课程研发平台”“文创实践活动平台”“文创产品项目孵化平台”“文创实习就业平台”，全面提升了学生的实践能力与综合素质。课程研发平台创新教学方法，显著提升了学生在文化创意和创新创业方面的能力；实践育人平台通过街校合作，为育人工作提供了更多元化的实践平台，促进了党建与社区治理的深度融合；专业实践活动平台变革了人才培养模式，提高了学生的创新精神和实践能力；产品孵化平台则将学习成果转化为实际的文创企业和项目团队，成功孵化多个团队和产品，创造了可观的经济效益。最后，实习就业服务平台深化了课程及实践成果，实践基地与多家企业建立了实习就业合作关系，为学生提供了丰富的岗位选择，并推广了同济文创品牌影响力。基地的建设旨在成为文创类大学生就业创业的示范基地，促进文创产业人才的培养和服务质量的提升。

1. 文创课程研发平台

课程研发平台致力于打造全新的课程培养方式，以体验式教学教法、情景式教学教法和以学生为中心的结构化课程设计方法，从而实现学生在文化创意、创新创业方面的能力和思维的显著提升；平台目前已完成大学生创新创业实战演练课程体系、大学生文创产品及设计服务课程体系、大学生社区文创实践课程体系、创业修炼系列课程四大系列总计 10 门课程、67 课时的开发及实施。

互联网 + 沙盘模拟实训课程

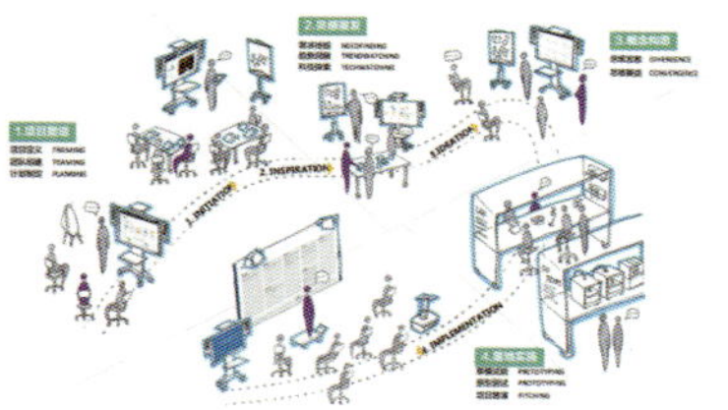

文创产品开发及设计服务课程

实验性雕塑课程

再衣间手作课程

珠宝设计文创实验工坊

儿童出行 / 儿童喂养大学生实践产品开发

2. 文创实践活动平台

为全面提升党建引领基层治理水平，形成街校、校社工作共赢的良好局面，学院党委与控江路街道党工委共建“党建教育基地”与“大学生文创实践基地”，聘请控江路街道居民党总支书记为学院“社区实践导师”，达成区域化党建联建合作，进一步发挥区域化党建枢纽平台和社区实践基地作用。通过丰富共建形式与内容，推动“资源共享、优势互补、共同提高”的街校党建新格局。街校联建为育人工作提供更多元化的实践平台，有利于促进将更多的理论知识运用于实际生活中。以高校党建带动社区党建，以社区党建优化高校党建，挖掘社区和高校各自的优势，寻求党建融合发展的最佳结合点，实现高校党建与社区党建同频共振，形成党建创新点和发展增长点。

文创类学生专业实践活动平台致力于通过变革人才培养模式，发展学生创新精神和实践能力，提高学生的动手参与能力、激发学生对社会问题的思考；平台共计开展大学生文创创业竞赛活动、大学生文创产品开发实践活动两大系列七个实践活动，覆盖文创产品开发、社区服务、创新创业大赛等多个领域，累计参与人次达到 350 余人次。

3. 文创产品项目孵化平台

学生文创类产品孵化平台致力于将学生、课程、项目、导师整合为落地的文创企业及项目团队，平台共计孵化文创企业及项目团队 4 个，开发了包括犀牛角香皂、城市 IP 形象设计等文创产品及作品 20 余个，带动就业 30 余人，间接经济效益 2000 余万元。

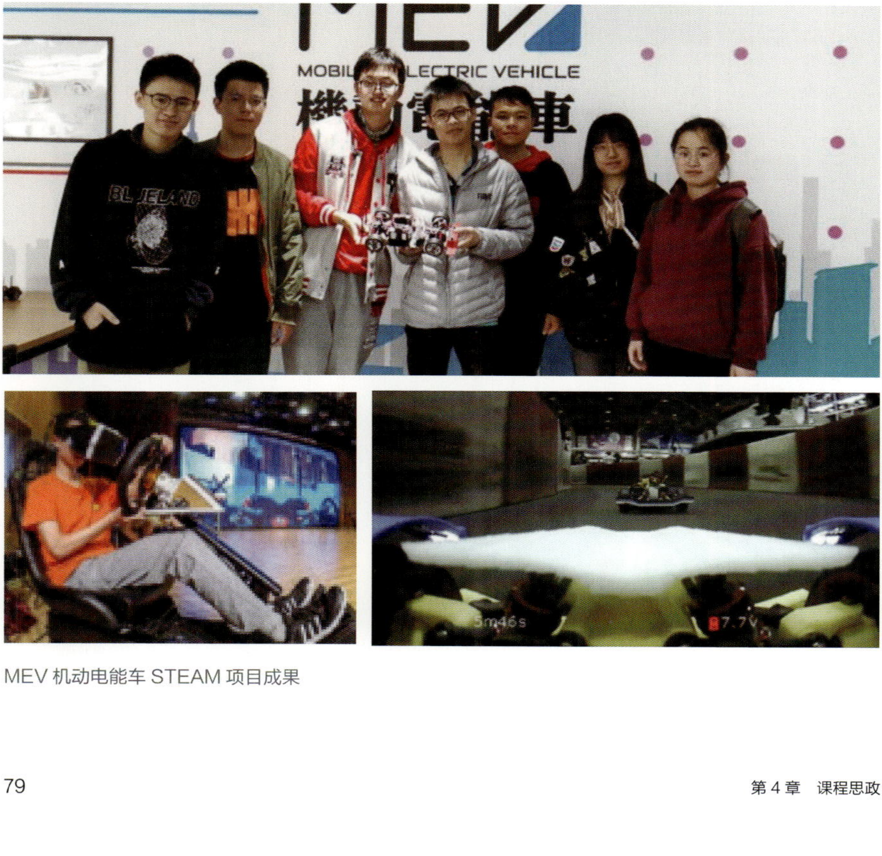

MEV 机动电能车 STEAM 项目成果

阡逸项目团队 IP 形象开发作品

莫娇副教授团队犀牛角香皂产品展示

画艺礼盒、京剧脸谱非遗文创产品展示

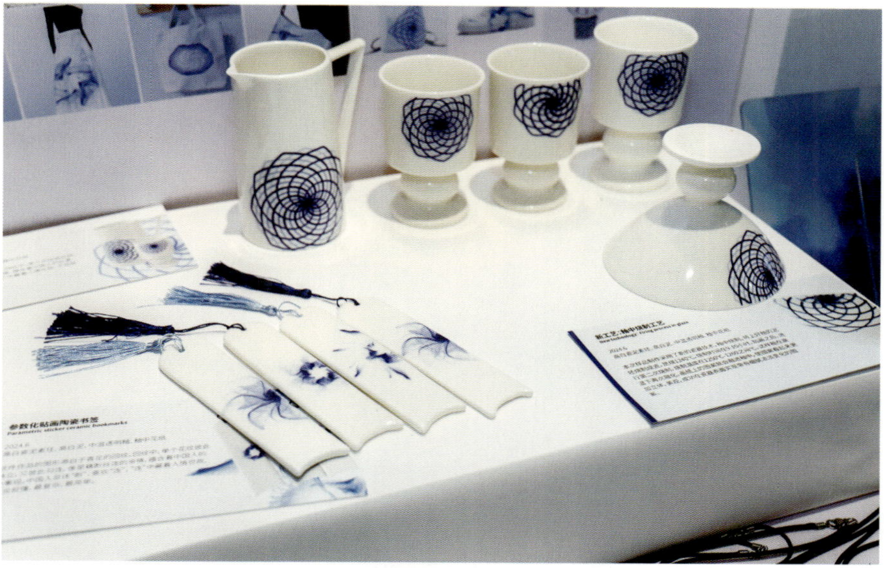

本科毕业设计中与非遗有关的作品

本科毕业设计中与非遗有关的作品

4. 文创实习就业平台

文创类项目实习就业服务平台致力于深化课程及实践活动平台成果，将理论知识与实践应用相结合，平台累计与包括零到壹企业发展（上海）有限公司、上海原型谷企业管理有限公司、内里空间设计（上海）有限公司在内的 20 余家企业建立实习就业服务协议，累计提供岗位类型 15 个，包括产品设计师、空间设计师、UI 设计师、产品开发等岗位，覆盖岗位数量 40 个，实习就业时长 120 余月。与此同时，学院注重同济文创品牌影响力的推广，应邀参加 2020（第 14 届）创业周暨全球创业周中国站圆桌论坛，就“文创 + 科技的破壁创新，催生新兴业态”话题向社会推介同济大学文创基地深耕就业服务平台新型模式。

学院应邀参加 2020（第 14 届）创业周暨全球创业周中国站圆桌论坛

世界高校校友创新创业大会

4.4.3 目标与展望：依托“三全育人”试点项目，打造具有影响力的文创品牌

基地将进一步与企业加强沟通对接，持续开展创新创业课程培训与工作坊，组织大学生文创实践与交流活动，推动青年文创教育创业项目孵化。搭建更多的平台，增加文创类相关专业单位高质量实习，吸引相关行业优秀大学生人才，为大学生提供更多深入基地进行就业创业实践的机会，为大学生提供设计、文化创意产业管理、广播电视学专业、多媒体制作、影视、音乐表演等更多方向的实习实践、就业创业机会。

文创基地将依托设计创意学院“三全育人”综合改革试点项目，深入校园，扎根学生社区，精心推广校园社区微更新项目，创造更为舒适的学习生活环境。未来，设计创意学院将依托专业优势，进一步培养大学生审美文化素养，传播中华优秀传统文化。通过开展非遗手作、分享沙龙、实践课程、展览展示等形式推动文创进社区，将学生社区打造成文化育人新场域。更大程度地发挥专业教师的育人力量，以系统化思维扩大思想政治教育工作的范围与成效，逐步探索出立体化多维度矩阵育人体系。弘扬工匠精神，厚植工匠文化，用脚步丈量社区发展道路，以设计提升生活品质。在“以美育人、以文化人”氛围中激发校园文化活力，切实打造具有影响力的同济文创品牌。

第5章

双创育人

学院党委、团委积极谋划，通过“校区、园区、社区”三区联动，将人才培养与就业创业相结合，为学生提供设计、文化创意产业管理、多媒体制作等方向的就业创业机会。组织教授团队带队组成师生同行社会实践项目，用设计赋能社会创新，学院学生科研成果丰硕。另外，学院团委以“创新创业训练项目”为抓手，进一步完善科创服务体系，营造良好浓厚创新创业氛围，为团员青年创新创业做好服务工作。为学生策划全套全流程的建设体系，从提供文化培训、实践课程、对外交流服务等方面输入知识，整合文创、商业、创新创业项目等资源，让大学生能够深度参与项目当中，实现学有所用、实践与理论相结合的建设目标，帮助大学生对接社会资源，提高产品落地转化的可能性。总体来说，设计创意学院的双创育人，凝炼了“精心设计，搭建科创服务体系；沙场练兵，大力助推学生赛事；设计赋能，助力校园美育事业”的工作思路，构建体现学院特色的“大思政”育人格局。

5.1 精心设计，搭建科创服务体系

5.1.1 项目介绍

学院党委、团委逐步加强实践育人探索，依托学校各类训练项目，以“创新创业训练项目”为抓手，进一步完善科创服务体系，完善学院大学生创新俱乐部建设，组织进度交流会、开结题答辩、优秀项目分享等，服务各类创项目全过程，营造良好浓厚创新创业氛围，为青年创新创业做好服务工作。同时，学院团委结合专业特长，设计了诸多特色院级科创方案，于点滴之中培养学生创新创业思维。

5.1.2 实践内容

学院学生会设置学术创新部，每学期学生会都会联合同济大学创新创业俱乐部组织创新创业项目立项申报、中期检查、结项等多场答辩，邀请专业教师担任评委进行点评，对同学们的创新创业项目进行评分，意在提升创新创业训练项目质量，营造全院重视创新创业的氛围。学生的创新创业项目内容丰富多维，选题切合生活场景与当代痛点，涵盖城市交通系统、产品研发、可回收物的二次利用等。学生通过介绍项目的研究过程、研究方法、应用场景与设计原型等，既锻炼了语言表达能力，也有针对性地获取指导意见，从而不断打磨、升级。

学院团委设计了诸多特色院级科创方案，于点滴之中培养学生创新创业思维。如 D_Tech 学生技术论坛是由设计创意学院团委下设学术创新部发起的硬核干货技术论坛活动，通过讲座、工作坊等多元活动形式，帮助学生开阔设计视野，提升设计实力。活动通过邀请高年级学生作为嘉宾为低年级学生进行相关知识、应用的教学，旨在让各位同学能够通过软件学习和实践来提升自己的综合能力，1 年 2 期，目前已组织 11 期。

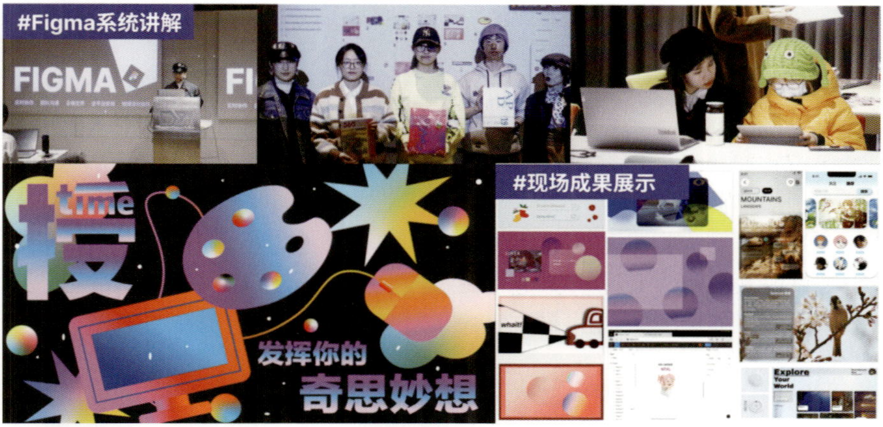

D_Tech 学生技术论坛

D_talk 设计创新学生论坛是由设计创意学院团委下设督导秘书部发起的学生演讲论坛，论坛会分为两个主题：“闪光的我们”设计创新论坛，邀请在各自领域里闪闪发光的学生，分享他们在学生身份下的创业故事；博士生学生论坛，以“设计 · 生活 · 未来”为主题，由博士生带来更为深入的学术课题分享。虽为学生，作为未来的设计师，他们已对真实的世界、将至的未来做出反馈，通过项目的分享，表达创新态度、人文关怀、社会思考。多个领域的展现，是优秀榜样先行一步的成果，也带来“设计师”与“学生”组合的无限可能。设计创意学院团委将日常的 D_talk 讲座进一步扩大，打造本、硕、博多方位的演讲平台，打开青年群体为设计发声的窗口，为设计创新实践与研究注入更多元的视角与年轻的动力。

D_talk 设计创新学生论坛

D_talk 活动海报

5.2 沙场练兵，大力助推学生赛事

在系列活动的助推下，设计创意学院学生的创新思维逐渐培养起来，而实战是检验水准的最好练兵场，因此学院团委积极助推学生参与各类大型设计赛事，以赛促练、以练促学。十余年来，学生的科创成果收获颇丰，斩获第七届国际“互联网 +”大赛上海市金奖、全国总决赛金奖。另外，还有多名学生斩获创青春中航工业大学生创业大赛第十届“挑战杯” 大学生创业计划金奖、第七届国际“互联网 +”全国金奖、中美青年创客大赛总决赛一等奖、戴森全球设计金奖等多项创新创业奖项。

5.2.1 学院团队 Aero-Space 项目获“互联网 +”大赛全国金奖

中国国际“互联网 +”大学生创新创业大赛是我国深化创新创业教育改革的重要载体和平台，作为中国覆盖面最广、影响力最大的大学生创新创业盛会，参与者囊括了美国哈佛大学、麻省理工学院，英国牛津大学、剑桥大学等世界排名前 100 的大学，经过校级初赛、省级复赛、国赛网评等环节的层层选拔脱颖而出。

学院学生牵头、苏运升教授指导的项目“Aero-Space 低碳离网变革者”聚焦新冠疫情下的医疗资源需求，创新性地提出了一种全新的气膜法新能源薄壳离网建筑，斩获第七届国际“互联网 +”大赛上海市金奖、全国总决赛金奖。“Aero-Space 低碳离网变革者”是以设计创意学院本科生为核心，由同济大学土木工程学院、建筑与城市规划学院、经济与管理学院及电子与信息工程学院多个学院学生共同参与完成的优秀跨学院项目。致力于为应急场景提供便捷高效、能源离网、低碳环保的建筑解决方案。该项目已被国内十几家媒体报道，并得到了包括中国工程院院士吴志强教授等专家们的学术指导与认可。

Aero-Space 项目发轫于同济大学设计创意学院的工业设计课程，遵循设计创意学院“设计需要面对真实世界挑战”的教学原则，团队核心成员全过程参与“火眼实验室”项目，从中受到启发，提出了 Aero-Space 项目的核心思想。项目结合了气膜结构、机械臂喷筑、三维扫描、新能源等技术，设计了一种全新的气膜法新能源离网建筑。该建筑针对应急情况，在施工和使用过程中首次实现氢能源供应，提供应急无电场景离网支撑，建筑施工与使用过程中用时少、人工少、碳排少，相较于传统应急帐篷具有预制性高、操作简单、机动灵活、重复使用、快速固化、保温隔热效果好、提供应急能源供应、降低碳排放等优点，是应急场合、负压隔离病房和未来低碳建筑的理想解决方案。集装箱预制化和气膜房屋设计能够满足快速反应、机动部署，机械臂结合三维扫描监测的喷筑建造方法，能够数小时内实现建筑保温薄壳结构施工，对人工要求低，建造迅速，施工质量高，环境适应性强，符合“智能化”发展趋势。依靠科学的设计方法与良好的施工控制，气膜与聚氨酯壳体、混凝土壳体的施工和使用安全性有保证。同时，Aero-Space 正在积极探索，设计线上应急响应平台，为将来应急预警及决策提供有力支撑。目前，Aero-Space 已申报国家发明专利 5 项，实用新型专利 1 项，其中团队成员为第一发明人的有 5 项，建立了核心专利的技术壁垒。本科生项目组在学校的支持下，开展了全流程喷筑法的原型实验，验证了相关核心技术，积累了大量的标准数据。在多方的大力推动下，目前首个原型产品已落地嘉定汽车城，实现了国内建筑内部引入氢能源系统从 0 到 1 的突破。

团队成员在自建的即将竣工的气膜结构中合影

Aero-Space 夺得第七届中国国际“互联网 +”大学生创新创业大赛同济首金

5.2.2 设计 × 生物跨学科成果 “新型可穿戴蓝藻细菌发电材料”获戴森设计大奖全国冠军

戴森设计大奖（James Dyson Award）创办于 2005 年，旨在鼓励和支持全球富有创新和创业精神的青年学生为解决实际问题提供有价值的方案。戴森设计大奖的口号是“寻找下一代发明家”，2021 年，戴森设计大奖中，设计创意学院学生胡可儿和袁硕设计的“Power Mutualism 电能共生体”从众多设计作品中脱颖而出，获得中国区冠军，胡可儿团队获评全国冠军充分证明了这项发明的开创性与创新应用价值。

简单而言，胡可儿团队的项目“Power Mutualism 电能共生体”是一种可穿戴的自驱动型蓝藻细菌发电材料，为物联网和可穿戴传感网络时代的小型智能设备提供绿色能源。详细来说，电能共生体是一种可穿戴自驱动型蓝藻细菌发电材料，能够从人体汗液、阳光和空气中获取养分，通过蓝藻细菌光合和呼吸作用释放电能，为可穿戴小型智能设备提供绿色能源，使其摆脱外部电源充电、更换电池等限制，满足近未来可穿戴传感网络与物联网的分布式能源需求。

项目基于蓝藻细菌的生物机制与培育方法、微藻光伏电池的制备技术、电化学测量，以及生物可穿戴电子等诸多跨学科知识，才得以完成。跨学科性也因此成为这项发明最大的亮点之一，即用设计思维进行生物工程和数字化手段的融合，在“Power Mutualism 电能共生体”中，自然、人类、计算机，成为互惠共生的有机整体。而可持续性则是这项发明成功突围的另一大亮点。胡可儿这样评价自己的作品：这个生物复合发电材料利用了蓝藻水华中“被遗弃”的丰富生物质和人体环境中“无用”的能量，从自然物质开始，最终变身清洁能源，并且在运作过程中减碳产氧，有助于缓解温室效应等环境问题，促进碳中和与可持续发展。

评委们对该作品给出很高评价。艺仓美术馆馆长暨联合创始人余光照认为：“人与自然的永续关系是当下不可回避的主题，通过科技与设计，我们才有可能解开我们自己创造的生态困境。得奖作品在这个方向给出了丰富灵巧的思路，研究试错的过程体现了真正的工程师科研精神。”戴森工程师胡宏飞评价道：“‘Power Mutualism 电能共生体’是一个很有趣的发明，充分体现了人与自然和谐相处的美好前景。随着电子科技的发展和穿戴设备的盛行，电池容量和续航问题一直是一个难以忽略的问题，并且电池的生产和回收过程中充满了对自然环境的挑战。利用蓝藻细菌光合作用释放电子的机制，这是一个很好的切入点，让人耳目一新。”这也是对设计创意学院人才培养模式在社会层面上的一次正向反馈。

“Power Mutualism 电能共生体”项目获得戴森设计大奖中国区冠军

“Power Mutualism 电能共生体”项目获得戴森设计大奖中国区冠军

5.2.3 中美青年创客大赛全国总决赛摘得桂冠

中美青年创客大赛是由中华人民共和国教育部主办，中国（教育部）留学服务中心、清华大学、北京歌华文化发展集团、谷歌信息技术（中国）有限公司和中国大学科技园联盟承办。大赛以“共创未来”为主题，倡导参赛者关注社区、教育、环保、健康、能源、交通等可持续发展领域，结合创新理念和前沿科技，打造具有社会和产业价值的全新作品。中华人民共和国教育部自 2014 年至今已成功举办十届中美青年创客大赛，大赛将通过比赛的形式促进中美两国创客文化与生态的建设，助力中国创客创新社区及众创空间生态环境的不断优化，并充分体现中美人文交流特色，为两国青年搭建交流沟通的平台，推动中美两国青年创客在创新领域的深度交流，进而加强两国在青年层面上的文化交流与沟通。

2018 年“共创未来——中美青年创客大赛”总决赛
来源：中美青年创客大赛组委会

2018年，“共创未来——中美青年创客大赛”总决赛在北京举行，设计创意学院当时一年级本科生王歆懿、冯泗衡同学的“音乐教具设计——Magic Cube”作品获得大赛唯一的一等奖。经过海选一分赛区预选赛一分赛区决赛的层层选拔，从中美14个赛区突出重围的75支创客团队、近400名青年创客入围总决赛，其中同济大学获得一等奖一名、二等奖一名、三等奖一名，均来自设计创意学院。教育部领导、北京市领导、美国驻华大使馆参赞、谷歌全球副总裁等领导对设计创意学院学生作品做出高度评价。

获得一等奖的“音乐教具设计——Magic Cube”由两位设计创意学院本科生设计，面向3—6岁的儿童，致力于推广实际体验、动手实践的音乐课堂，通过丰富的交互设计手段，让孩子不仅能够演奏美妙的音乐，更能够在寓教于乐中增进与同伴或父母的交流与互动。二等奖作品“姿式互动式智能康复服装”以设计创意学院研究生为主要团队，开发了一套针对肩颈痛慢性病或中风患者的姿势智能康复服装，该系统集最新的传感器技术、用户舒适性和美观时尚于一体，整合了柔性可穿戴传感单元与智能织物，可以进行实时监测，并模拟理疗师为用户提供远程康复训练及长期康复指导。三等奖“角色扮演机器人”团队，三位设计创意学院的本科生针对5—12岁的儿童设计了一套机器人教具，旨在以一种富有乐趣的方式引导儿童学习短片的剧情编写、场景搭建与拍摄技巧，支持他们在不断创作与表达中提升创造力。

参赛团队的出色表现与设计创意学院“设计+技术+商业+可持续”的人才培养理念密不可分。尤其是其中的“技术”教学模块从大一到大四的全方位展开很好地支持了学生基于对数字技术的深度理解产生跨界融合的创意。从“开源硬件与编程”基础课到“创意机器人”选修课、“智慧生活”工作坊与跨方向毕设，从系列专题课程到D2(Design to Development)系列跨学科工作坊、COLLISIONcollective跨界社群讲座与论坛，学院为学生们提供了很好的设计与技术交叉融合的学习资源与氛围。学院的数字创新中心(Center for Digital Innovation，CDI)也面向从大一到研究生的学生，以大量的实验室平台和跨学科项目支持感兴趣的同学进一步在研究与创作实践中提升自己的跨学科创新能力。

5.2.4 其他成果

随着双创教育培养的不断深化，在 2023 年的合成生物学领域国际顶尖赛事——国际基因工程机器大赛上，同济大学两支队伍斩获国际金牌，两队均有设计创意学院学生参与。设计创意学院 2021 级本科生肖子恒获第十八届“挑战杯”全国大学生课外学术科技作品竞赛黑科技展示活动星系奖，获得同济大学本科生“学术之星”，系设计创意学院历史首次，证实了学院在学术科研上的新突破；博士生蓝星宇获同济大学“学生先锋奖”，严康、周士奇获研究生“学术先锋”提名奖。此外，设计创意学院学生在设计创新领域全面开花，在首届中国研究生“美丽中国”创新设计大赛上，2023 级博士研究生田静雯荣获一等奖并获“全国十佳设计师”荣誉称号，获多家央媒报道。

学生作品荣获一等奖
来源：中美青年创客大赛组委会

5.3 设计赋能，助力校园美育事业

学院积极依托专业特长，在校内面向全校学生，搭建创新创业的“练兵场”。通过以设计服务回馈社会，在校内连续 5 年面向同济大学师生举办同济设计创意节暨樱花市集，在美丽的樱花“济”，通过“发现美、设计美、助力美”，挖掘校园美育元素，为校园美育事业增添亮色。

每年通过贴近时下传播趋势的文化主题，在校内弘扬设计创意文化，备受年轻学子喜爱。2017 年“只樱为你”创意市集、2018 年“予”（Giving）——学习和创造，为人们更好的生活献礼！”、2019 年“流浪樱花”创意集市、2021“送你一朵小樱花”创意集市、2022“半熟樱花”线上云游、2023 年“樱花奇旅”和 2024 年“Let’s 樱 Joy”，希望设创学子的设计与创意能够给予人们更好的生活方式，用无私奉献的精神发现美、创造美。活动自 2017 年至今举办 7 届，已成为同济大学校园文化品牌活动，人流量逐渐增多，品牌效益逐渐显现。在 2024 年举办的“Let’s 樱 Joy”主题樱花集市更是将规模扩大到空前未有的规模：35 个校内创意摊位、吸引 3000 余人次围观，更是有 360 余人次与学院的主题摊位进行互动，当年活动更是获得华为、COCO 等知名品牌的加盟赞助。

同时，市集让创意直接面向市场，为设计走向市场提供契机，鼓励学生增强创意思维意识，提高创新实践能力，也为同学们带来“练摊”的创业实践机会，让大学生走出象牙塔，了解社会经济运行机制，体验生产营销流程，促进人际交往，丰富课余生活，为今后融入社会打下良好基础。

同济设计创意节暨樱花市集

第6章

实践
育人

设计创意学院逐步加强实践育人探索，注重引导学生结合专业特长优势参与各类志愿服务活动，鼓励学生申报参与各类社会实践活动，组织开展各类志愿服务及公益活动，培养学生的志愿服务意识和能力。实践育人工作主要依托设计创意学院团委开展各类活动，以学院团委办公室、学生会、研究生会、学委会等组织为载体，打造各类供学生大展拳脚的实践舞台，充分发挥学生的自主能动性和创造性。

实践内容贯穿课堂内外、校园内外、专业内外，积极与社区、院校、外部资源联动，如连续十年持续开展“设计发芽”设计启蒙计划，利用假期时间开展暑期社会实践活动，组织青春告白祖国实践报告会等受师生喜爱的活动。作为世界设计之都大会主办单位，设计创意学院团委牵头全院学生参与志愿者工作，让学生参与组织、引导、执行的过程中，在传递设计魅力、探讨学科前沿的同时，鼓励其积极服务社会主义现代化国际大都市建设，弘扬志愿服务精神。总体而言，设计创意学院的实践育人工作凸显了“深入实践，培育专业能力；行业合作，扩展职业视野；志愿服务，提升社会责任感”的教育理念。通过这些策略，学院不仅加强了学生的实践操作能力，也为他们的未来职业道路铺设了坚实的基础。此外，通过积极鼓励学生参与志愿服务活动，其社会责任感和团队协作能力得到了显著提升。这一系列实践教育活动，有效地构建了学院特色“实践育人”模式，促进了学生的全面发展。

设计创意学院学生参与认领阜新路口袋花园

学院屋顶花园

学生参与学院屋顶花园改造

6.1 凝心聚力，打造学生喜爱的社会实践平台

6.1.1 项目介绍

设计创意学院团委下设学院团委办公室、新媒体中心、学生会、研究生会、学生委员会等学生组织，致力于将设计创意学院的学生工作开展得更有效、更接地气、更受学生欢迎。学院团委通过各部门团结协作，积极推动实践育人探索，打造学生喜爱的社会实践育人平台。

学院团委通过团委办公室的指导和协调，强化学生组织的日常工作，促进学生通过学代会和团代会有效传达诉求，增强了学生的归属感和组织能力。学生新媒体中心提供信息交流和活动记录平台，丰富学生的校园体验。学生会下辖多个部门，全面服务学生，支持其参与社会实践和志愿服务活动，帮助学生走出校园，接触并参与社会项目，培养实践能力和社会责任感。

6.1.2 实践内容

团委办公室在学院团委指导下，负责协助学院团委，统筹学生会与各团支部的日常工作，承担着沟通左右、联系内外的枢纽功能，积极参与学院班团骨干培训以及团支部建设中，为学院团学工作保驾护航。成功举办传达学生诉求的学代会、团代会，丰富学生课余活动的嘉年华、“设集”跳蚤市场等。

学生新媒体中心集活动宣传、思想传播、氛围营造等职能于一体，主要负责“设创学生平台”微信公众号以及学生网站等媒体平台的运营活动。通过“设创学生平台”，学院开设了“优秀学生说”“D&I 事记”“节日节气时报”“新生说”等专栏，为学生提供全方位的信息和活动记录。

学生会共下辖五个不同职能的部门，各司其职，沟通紧密，分别为督导秘书部、学术创新部、创意视觉部、文艺体育部、实践志愿部。学生会以全心全意为同学服务为宗旨，发挥服务学生的功能，是学院联系广大学生的桥梁和纽带，开展的活动辐射至思想引领、科技创新、文体活动、志愿服务、社会实践等各领域，促进学生全面发展，服务学生成长成才。其中，实践志愿部作为其中培养学生社会实践能力的重要组成部分，侧重于走出学校，联系社会。通过各类实践类活动和志愿服务类活动，为学生提供与外部沟通，感受真实设计的机会。

6.2 志愿引领，开展校内外互动交流品牌活动

6.2.1 项目介绍

实践志愿部作为学生会中贯彻“实践育人”理念的核心部门，致力于开展各项志愿实践活动，为学生提供了组织实践、参与实践的平台和机会，提高了其社会责任感，培养了其志愿服务意识。设计徒步和创智坊是实践志愿部逐步孕育出的两大品牌活动，多年来不断提升迭代，受到校内师生和校外组织的关注和一致好评。

6.2.2 实践内容

1.“设计徒步丨城市剪影”：探访上海城市空间艺术季

设计徒步作为学生会实践志愿部的典型创意品牌活动，以“开开心心轧马路，快快乐乐做设计”为宗旨，自 2015 年起组织筹办，每期均会邀请设计创意学院的教师作为领队，规划不同的徒步地点和参观游览线路。在活动中，实践志愿部将配合教师设置与地点相关的主题作为引导，并融入设计活动流程与内容，引发教师和学生间的交流。课堂之外的徒步旅程将作为课堂内容的延伸，以城市为教材，在师生交谈中将学科知识融入真实设计中。

在“设计徒步丨城市剪影”活动中，学生们在设计创意学院环境设计方向王衍老师的引导下，深入上海城市空间艺术季的核心区域，参观了新华路社区的法华镇路、新华路及上生新所等地。此次活动不仅是一次文化之旅，也是一次深度的学习体验。王衍老师详细讲述了这些区域的历史背景、城市更新和设计的参与过程，深度解析了“慢行理论”的重要性及其在现代城市中的应用。通过实地考察，学生们能够直观地观察并学习如何将历史文脉与现代设计理念相结合，解读空间与环境之间的对话。

此外，王衎老师与实践志愿部的同学还共同组织策划了一次创意拼贴工作坊，将徒步中的所见所感转化为具体的艺术作品。学生们使用了在徒步旅途中收集的材料和图片，创作了一系列立体和平面拼贴作品，这些作品不仅记录了他们的行程体验，也反映了他们对于城市空间和设计理念的理解与感悟。通过这种方式，王衎老师引导学生们从设计师的视角出发，进行视觉表达，这种实践操作不仅锻炼了学生的设计能力，而且深化了他们对于城市设计和文化理解，提高了专业素养。

这样的教学模式不仅增强了课堂外的学习效果，也使学生们能够更加深刻地理解设计与环境之间的互动关系，培养了他们的观察力和创造力，为将来的设计工作奠定了坚实的基础。

“设计徒步｜城市剪影”活动

2. 创智坊：携手卢湾中学，共探文创设计之美

创智坊由设计创意学院学生会实践志愿部主办，是一个全面开放的创新平台，面向院内外及校内外所有对设计有兴趣的学生。该平台以实践育人为核心，每期均会招募一定数量的校内志愿者参与活动的策划与执行，通过丰富的设计技术教学和动手实操活动，培养设计思维和实际操作能力，激发大众对设计价值的关注。活动自举办以来，已走进卢湾中学、控江中学等多个校外平台和学院工坊等多个校内实践基地，受到广大师生的强烈关注。

以卢湾中学的“建党百年”文创设计课程为例，该课程将历史教育与现代设计思维紧密结合，旨在通过文创活动提升学生对党的历史的理解和认识。依托卢湾中学丰富的历史与文化资源，学生志愿者引导高中生通过艺术与设计的形式，将历史元素融入现代设计中，使用纸笔等工具创作出反映自己对这一主题的理解的作品。

该项目基于历史教育的深度挖掘与现代设计教学方法的应用，跨学科的教育方式使其成为教学和创新的亮点。在这个活动中，历史、艺术和设计教育相结合，形成了一种互惠共生的教学模式。学生通过将抽象的历史知识具象化为视觉艺术作品，不仅加深了对历史的理解，还激发了创造力和设计能力，体现了教育的可持续性和深远意义。

6.2.3 经验总结

实践志愿部有效地融合了校内学科教育与校外社会实践。对于学生而言，实践志愿部打造的品牌活动不仅仅是技能培训的场所，更是思想和文化交流的平台，让学生不只是学习设计技能和思维，更能深入探讨设计背后的文化意义和社会影响。更重要的是，通过与来自不同背景的师生互动，学生们学会了如何在多元文化的环境中表达自己的想法，为他们将来的职业生涯和个人发展铺设了坚实的基础。

创智坊走进卢湾中学“建党百年”，开展文创设计课程

6.3 学以致用，以实际项目促进学生知识转化

6.3.1 项目介绍

暑期社会实践由同济大学组织，深入贯彻习近平新时代中国特色社会主义思想和党的二十大精神，以习近平总书记关于青年工作的重要思想为指引，增强新时代社会实践活动实效、深化实践育人工作，引导和鼓励同济学子充分利用假期时间，把课堂学习和社会实践紧密结合起来，开展社会实践活动。数年来，设计创意学院学子积极参与开展暑期实践活动，坚持“以设计应对全球挑战，提升生活品质；以创新驱动社会变革，实现永续发展”的学院使命，积极思考如何促进更美好生活。

学院秉承学校指导精神，围绕筑牢精神根基、焕发乡村活力、谱写城市新篇、培养时代新人等多个主题鼓励学生开展社会实践活动，并提供了两种选题方式。一是教师发布定向选题，在教师的指导下，学生们主动深入基层一线，坚持问题导向，深化调查研究，延伸出“南平建盏非遗传承与乡土文化创新实践”“无野毒菜市场自治行动”等多个优秀项目。二是学生自主申报课题，他们有的将校内课题延伸至校外深入探索，有的运用学科知识促进文化传播和传承，有的积极开展跨学科互动合作，通过线上线下结合的方式，跨越地域阻碍形成了扎实、创新的暑期社会实践项目，促进同学们向有理想、敢担当、能吃苦、肯奋斗的新时代好青年看齐，鼓励其真正把论文写在祖国大地上。

6.3.2 实践内容

1. 非遗博览会展会设计实践项目

由文化和旅游部与山东省人民政府联合主办的第七届中国非物质文化遗产博览会，旨在展示非物质文化遗产在现代社会中的活力和价值，希望为参观者提供一个全面了解和体验非遗文化的平台。其中的一个重要板块是由同济大学设计团队负责的“美好生活乡村振兴非遗保护成果展”。

第七届中国非物质文化遗产博览会“美好生活”乡村振兴非遗保护成果展

展厅占地面积约 2200 平方米，以区域划分为几个大板块，展区选取中、西部省区围绕贯彻落实习近平总书记关于乡村振兴的指示精神，展示非遗在促进乡村振兴、建设美丽乡村方面的成果。设计创意学院三位本科生同学在设计创意学院视觉媒体传达方向的宋善威老师带领下，充分利用暑期时间，完美地完成了此次展览设计中的视觉设计与空间设计。

展览设计受到了广泛关注与赞誉。文化和旅游部副部长饶权与非遗司司长王晨阳等领导亲临现场，对同济大学设计团队的精心策划与实施表达了高度认可。其不仅通过情景化和互动化的展示方式加深了公众对非物质文化遗产保护的重视，也显著提高了设计创意学院学生将理论知识应用于实际项目的能力，展现了教育与社会实践的完美结合，让此次博览会不仅是一次展示非遗文化的舞台，更成为一次全方位的教育实践，促进了学术界与实践领域的深度融合。

2. 南平建盏非遗传承与乡土文化创新实践

福建南平有中国最早的闽越文化，4000 年历史传承着古老的技艺和悠远的文化，南平建盏非遗传承与乡土文化创新暑期实践项目以典型村镇为据点，聚焦福建南平地区的建盏技艺，对传统手工艺等进行在地调研。在姚雪艳老师的指导下，形成多个实践小组寻访当地手工艺人，了解非遗文化与技艺，产生社会洞察及实践落点，并在此基础上进行专业实践的介入，最终项目成果包括“研究洞察”“在地互动”“创新产出”三个部分，并以展览形式于 2023 年 10 月南平新生艺术周展出。

在此过程中，各个暑期实践小组深入走访宋代龙窑遗址，与建盏行家学习交流，探寻新盏中的纹理和创新可能性。并在此过程中，充分利用设计思维和工具凝练出目前建盏传承传播中存在的问题，提出美学价值埋没、空间打造薄弱、茶文化老旧等关键词。基于此，同学们提出了具有创新性的解决方案，通过视觉与媒体传达设计提升茶饮品牌形象，运用工业设计打造创新性建盏形象，利用环境设计打造新型茶饮空间等，从多感官提高非遗文化关注度和体验感。

该暑期社会实践项目不仅使学生们亲身体验和参与非物质文化遗产的保护和传承中，也极大地拓展了他们的专业技能和社会责任感。通过直接参与南平地区的建盏技艺研究和调研中，学生们能够将课堂上学到的理论知识应用于实际情境中，这种从课堂到社会的转变，加深了学生们对学科知识的理解。同时，项目鼓励学生深入基层，与当地工艺人直接交流，学习并传承传统技艺，极大增强了学生们的文化自信和民族自豪感。在探索传统文化的同时，学生们被鼓励思考如何将传统艺术与现代科技结合，开发新的表达方式和商业模式。这种创新的思考方式对学生未来的职业发展极为重要，使他们能够在未来的设计和创业道路上，将传统文化转化为可持续发展的新资源。

3. 无野毒菜市场自治行动

2020 年，一场突如其来的疫情带给人们这样一个理念：建设卫生健康的社区环境至关重要。野味和菜市场的管控与安全问题成为关注焦点。着眼于这一特殊的抗疫、防疫视角，2020 年暑假期间，学院工业设计方向的胡可儿、田沁锋、钱奕霖、王歆懿四位大三学生勇担社会责任，将他们在课堂上的社会创新课题带到社区，打造了一个“无野毒菜市场”。“无野毒”团队以菜市场为实践地，通过针对性的传达设计展开野味科普，通过激活社区自治，助力祖国的卫生文明建设。项目从聚焦问题、项目设计到成功走进社区，同济学子以设计思维和青年力量为笔，走入社区书写自己的抗疫故事。

无野毒菜市场自治行动

6.3.3 经验总结

同济大学的暑期社会实践活动深刻体现了“实践育人”的教育理念，其秉持同济大学“将论文写在祖国大地上”的育人理念，通过学院引导和自主选题两种方式，促进了学科理论与社会实践结合、文化传承与创新突破、社会责任与公民意识提升、跨学科学习合作等，让学生们不仅在学术上得到提升，更在人格和社会责任感上得到了显著成长，为他们成为社会所需的复合型人才奠定了坚实的基础。

6.4 多元探索，引导学生以青春力量服务社会

6.4.1 项目介绍

“青春告白祖国”设创学子先锋事迹报告会（简称“青告会”）是同济大学设计创意学院学生会实践志愿部主办的一项重要活动，旨在为设计专业的学生提供一个多元而综合的讲演平台，帮助学生们在学生阶段探索学习方向，解决专业领域的困惑，还鼓励同学们通过个人经验的分享和感悟，找到用青春和热情服务祖国的路径。每期的青告会会邀请来自不同专业方向和年级的设创学子分享他们在社会实践中的心路历程和成就。如“常规导弹第一旅”的退伍大学生、积极参加杭州亚运会宣传工作的志愿者、带领团队调研建盏文化的负责人、负责意大利社会创新设计的先进个人等。他们分享的事迹不限于设计实践，还包含其他领域。通过他们的故事，在校学生可以看到设计专业知识如何应用于实际生活中的各种情境，以及设计如何成为推动社会发展和文化交流的强大工具。

6.4.2 实践内容

习近平总书记在党的十九大报告中指出:“中国梦是历史的、现实的,也是未来的;是我们这一代的，更是青年一代的。中华民族伟大复兴的中国梦终将在一代代青年的接力奋斗中变为现实。”[1] 该项目作为同济大学设计创意学院在培育学生的社会责任感、创新精神和文化自信中的标杆活动，展示了青年学子如何将个人成就与国家的发展需求相结合，是一个激励学生以实际行动贡献社会、表达对祖国的热爱的重要平台。

通过青告会的舞台，学院积极引导学生将个人发展与国家的需求结合起来，通过设计创新应对社会挑战，强调通过个体的努力促进社会和谐与文化发展。青告会内容覆盖多话题、多领域，紧密结合“实践育人”的教育理念，分享了包括全球抗疫、乡村振兴、社区赋能、征兵退伍、志愿服务等多个话题，以实践小组和个人为单位介绍了他们如何通过设计思维与创新技术为社会问题提供解决方案，展示了青年学子在国家建设中的积极角色和创造性贡献。

[1] 党的十九大报告全文 . https://www.spp.gov.cn/tt/201710/t20171018_202773.shtml

具体事例包括“Aero-Space 模——膜组合应急建筑项目”中如何结合工程学和信息技术解决疫情隔离问题；“云龙县永安村乡村振兴——导视设计项目”中如何通过视觉设计改善乡村导向系统，增强村庄的文化吸引力；“非正式学习社群的地方创生行动设计实践”中如何在社区内实施创新教育项目，促进社区居民的主动参与和文化交流；等等。

这些社会实践等经历的分享现场引发了学生的积极互动，极大地开拓了在校学子的思维，他们发现设计的应用领域从不仅仅局限于笔头和纸面，设计学生的社会角色也不仅仅拘泥于设计师。学院所培养的创新人才关注热点话题，解决实际问题，传承优秀文化，投身祖国建设，以青春之名向祖国告白。同时，学院老师以实际案例强调在新时代伟大变革中年轻人的机遇与责任并存，鼓励设创学子们到基层、社区和社会大舞台参与实践，以青春力量奉献社会。

“青春告白祖国”设创学子先锋事迹报告会

6.4.3 经验总结

青告会展现了同济大学设计创意学院如何将思政教育与专业学习巧妙融合，成功实现了全面育人的教育目标。分享者通过亲身参与社会实践活动，不仅提升了设计技能，更在实践中深刻感受到作为新时代青年的责任和使命。参与者通过聆听优秀学子的案例分享，提高了对于专业技能的学习热情，开拓了其创新思维，更重要的是在他们心中种下了对社会责任感的深刻认识。

总体而言，青告会展现了同济大学设计创意学院的优秀学子风貌，帮助校内学生加深了对学科知识的理解，同时促使他们深入思考如何将个人发展与国家需求相结合，扎根中国大地，书写属于新时代的青春华章。

6.5 着眼全球，开拓学生国际化设计认知思维

6.5.1 项目介绍

自 2010 年上海被联合国教科文组织授予“设计之都”的称号后，上海的创意设计产业迅速崛起。目前，已涌现出一批具有核心竞争力的专业设计机构、知名的设计代表人物和有广泛影响力的设计品牌。随着产业发展向纵深推进，建设世界一流“设计之都”、发展高附加值、高品牌价值的创意设计产业，必须要有一个国际化、专业化、市场化的平台，也必须紧紧依靠国际国内的广大专家学者和业界人士出谋划策、招才引智。在这样的大背景下，上海市委、市政府决定于 2022 年举办首届世界设计之都大会，旨在打造一场国际设计领域的合作交流盛会，助力构建更具创造力、创新力、竞争力、影响力的上海创意设计产业。

作为主办方之一，同济大学设计创意学院积极投身大会的筹办和组织中，并集结了各学院学生组成志愿者分队赶赴现场，确保大会前期准备、现场执行和后期宣传等各项工作的顺利推进。与此同时，大会也为学生们提供了一个与国际设计精英面对面交流和学习的宝贵机会。通过这样的实践经历，学生们能够将课堂所学知识应用于现实世界的复杂情境中，极大地增强了他们的职业技能和国际视野。

2023 世界设计之都大会嘉宾与志愿者

设计创意学院志愿者

志愿者记录大会精彩瞬间

志愿者为观众讲解展品

志愿者指导观众参与工作坊活动

志愿者为外籍嘉宾引导

6.5.2 实践内容

首届设计之都大会开幕于疫情封控期间，这无疑给志愿服务活动的开展带来了更大的挑战。但同济大学设计创意学院的师生克服重重阻碍，最终有 20 名学生志愿者参与会议服务中。这支平均年龄 20 岁的青年志愿团队，在 4 天的会程中，负责会场布置、人员安排、媒体协调和观众引导等重要任务，活跃在主会场、服务中心、媒体中心等关键位置，有效地支持了会议的顺利进行，展示了青年志愿者的专业能力和团队精神。在紧急情况下，志愿者们也表现出了出色的应变能力：在缺乏资料的情况下迅速编写讲解手册，顺利完成双语讲解任务；协调志愿者工作，关照新生志愿者，确保他们能快速融入团队并有效工作，增强了团队的凝聚力和协作效果。

基于第一次志愿服务的经验，2023 年第二届世界设计之都大会共持续 7 天，同济大学设计创意学院作为重要的承办方之一，共动员 173 人次参与志愿服务活动，他们来自各个学院，如新生院、设计创意学院、国豪书院、建筑与城市规划学院、铁道与城市轨道交通研究院等，志愿服务岗位涵盖了核心志愿者、场务志愿者、摄影摄像志愿者、文宣志愿者和接待志愿者等多个角色。

志愿者们的工作内容包括接待引导、协调物资、活动记录等日常工作，并主动参与现场调度、应对恶劣天气等特殊情况。志愿服务场地分为两部分，在主会场，志愿者们支持了第二届国际设计百人峰会、2023 年第十二届“新兴实践”设计研究与教育会议、2023 年 XaaS 服务创新国际会议暨第六届中国服务设计大会教育论坛等大型活动的顺利进行。而在同济分会场中，他们协助组织了“世界设计洞察”演讲系列活动、*She ji* 编辑部学术写作讲座、第四届艺术文化数字化传承与创新研讨会等一系列高层次学术交流活动。

值得一提的是，志愿者们还承担了国际嘉宾的接待和沟通任务，他们不仅需要确保嘉宾的顺利抵达，而且要在大会期间提供持续的服务与支持。在此过程中，志愿者们需要克服沟通障碍，辅助信息的准确传递和大会的顺利进行。

6.5.3 经验总结

世界设计之都大会不仅是设计学术交流的绝佳舞台，更为同济大学设计创意学院的学生们提供了实践和学习平台，通过积极参与大会志愿服务，学生们实践了理论知识，加深了对专业实践的理解，开阔了国际视野，充分展示新时代青年的责任感和创新精神。

在学生进行志愿服务的过程中，需要承担了多种角色，这要求他们调动学科知识和社会实践能力解决实际问题，紧急情况下的快速反应和资源调配更是提升了应变能力。这种跨学科跨领域的工作经验使他们加强了团队协作和领导能力，更了解设计在社会中的应用。同时，通过与国际参会者的交流，增进了全球视野和文化敏感性。

同济大学设计创意学院通过此类活动，让学生们在参与中成长，在实践中学习。这不仅让学生们将课堂知识应用于实际，而且让他们在全球设计舞台上展现才能，将学院“实践育人”的教育理念转化为具体行动，促进培养一批具备国际视野、创新能力和社会责任感的新时代设计师。

6.6 创意启蒙，培育服务活动传递爱心与责任感

6.6.1 项目介绍

2014 年，在学院党委、团委的联合指导下，学院发起“设计发芽”设计创意启蒙计划，项目利用学院一流的设计资源，普及设计思维与方法，连接大中小教育，通过大学生设计、教授把关的创意课程，激发青少年创造力，为他们提供艺术与设计学习机会，发掘创造潜能。秉承着将设计创意带入青少年启蒙教育的理念，十年间项目开发二十余套课程，与十余所中小学进行合作，累计开展实践活动近百场，服务千余人次。项目受到中小学生、居民及非设计专业的大学生的一致好评，同时也与国内外其他高等学府合作开设多个设计教育交流项目，广泛推广设计的重要性和实用性。

此外，项目还把志愿服务的对象带入同济大学校园、走进设计创意学院，参观创意工场、聆听设计师讲座、体验设计和创造的过程，将学院成熟的课程体系向青少年分享，发挥学科特长和优势，依托学院各类平台资源，带领青少年体验大学文化、感受设计创意氛围。项目旨在点燃设计启蒙之心，开发青少年的创意思维，提升创新能力。

6.6.2 实践内容

“设计发芽”设计创意启蒙计划连续开展十年来，不仅面向校内其他非设计类学院、国内其他高校展开设计教育交流，而且辐射上海市中小学开放设计创意课程体验，累计开展活动近百余场，服务千余人次。每次活动均由志愿实践部的同学组织策划系列互动讲座和工作坊，并招募对设计教育感兴趣的学生志愿者参与到活动中，参与策划、授课、场记、拍摄等工作，希望通过创意有趣的方式，为青少年和社区居民提供高质量的设计教育资源，也为大学生和社会人士提供一个理解和实践设计的平台，促进设计教育的普及和发展。此项目显著提升了参与者的创意表达能力和实际操作技巧，致力于为社会培养具备创新意识和实际操作能力的青年。

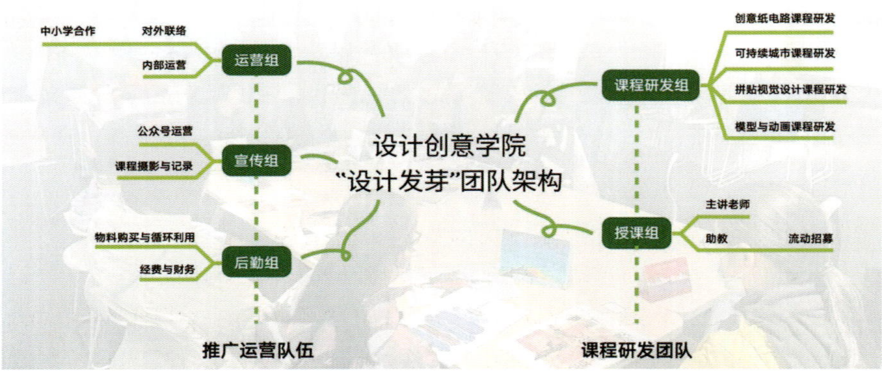

设计创意学院“设计发芽”团队架构

在安亭高级中学的系列教学中，学生志愿者们通过将可持续发展的概念与学生的日常生活紧密结合，引入具体的环保和科技案例，如智能建筑和绿色能源，使学生对可持续理念有了直观且深入的理解。为了激发学生从多角度思考，志愿者们利用互动讨论和创意工作坊的形式帮助学生用自己的语言方式表达对可持续发展的认识。此外，通过故事讲述环节，志愿者们引导学生构建未来的生活场景，提高他们的叙事能力和创新思维。在教学过程中，志愿者们采用了包括视频制作、定格动画等多媒体手段，辅助学生更生动、形象地展示自己的设计思想和创作成果。

“设计发芽”走进上海嘉定安亭一中

在项目走进同济黄浦设计创意中学时，志愿者们围绕“ME”主题，引导学生进行自我探索和表达。长达三周的课程，志愿者们通过从平面到立体，再到影像的设计实践，让学生体验从初步的符号设计到复杂的影像表达的完整创作流程。这一过程不仅提升了学生们的艺术表达技能，还增强了他们对自我认识的深度。整个课程通过拼贴画、立体构造和定格动画等多样化的教学活动，有效地锻炼了学生的创意实践能力和技术应用能力，使他们在享受创作乐趣的同时，也认识到设计的力量和美学的重要性。此次项目结束后，学院在同济黄浦设计创意中学成立“设计创意学院志愿服务实践基地”，同济黄浦设计创意中学为设计创意学院志愿者颁发黄浦区创新人才培养基地学生导师聘书。这也意味着设计创意学院品牌活动“设计发芽”继续开枝散叶，合作基地再添新。后续将在两校合作的基础上持续在基地开展设计启蒙志愿服务活动。

“设计发芽”在同济黄浦设计创意中学建设志愿服务基地

2024 年，团队还前往浙江省丽水市龙泉三中开展“设计发芽”行动，尝试将项目辐射范围拓展至长三角地区，让更多的中小学生能更早地受益于设计教育。行动获“今日龙泉”“天下龙泉”等主流媒体报道。

“设计发芽”2024 年暑假走进龙泉三中

“
真的非常有趣，让我们体验了一回“电工”和“设计师”。课堂不仅生动有趣，而且活动中哥哥姐姐们的互动也性也很强，他们会在我们连电路和设计方案遇到困难时及时帮助我们，在我们成功后会称赞我们。

“
我一次也没有走神，聚精会神地盯着老师们的操作，认认真真的学起来，看着二极管亮起来的瞬间，我欢呼雀跃，差点跳起来，终于我们按照老师的步骤制作了属于我们的“摩天大楼”。真是收获颇丰啊！

“
在课堂上,姐姐以生动有趣的方式介绍了纸电路的概念和制作方法,他们先解释了电路的基本原理,让我们明白电路不仅仅是导线与元器件的简单连接,而是一门需要创意和技巧的艺术.他们向我展示了如何将这些元件组合在纸上,创造出既美观又实用的电路。

同学反馈

6.6.3 经验总结

总体而言，“设计发芽”不仅提供了一个学习与应用设计技能的平台，更是一次深刻的设计思维交流与启蒙。在项目的实施过程中，学院特别强调理论与实践的结合，通过实地教学、工作坊、讨论会等多样化的活动形式，使学生们在参与中体验设计的力量，学习使用创造性思维来解决复杂的、多维的问题，理解设计与日常生活的紧密关系。此外，项目中的志愿者和教师团队在教学中不断尝试和优化教育方法，确保教学内容既有趣又具有教育意义，从而更好地传递设计思维和文化理念。这种教育模式不仅提高了学生的设计技能和创新思维，也强化了他们的社会责任感和团队协作能力。

“设计发芽”设计创意启蒙计划充分体现了同济大学设计创意学院“实践育人”的教育理念，通过实际行动塑造学生对设计学科的全面能力，拓展社会对设计价值的关注和了解，展现了学院对于未来教育的深刻洞察与承诺，为培养更多具有国际视野和创新能力的设计人才打下了坚实的基础。

“设计发芽”走进上海市第三女子中学

第 7 章

国际化育人

学院始终坚持聚焦全球视野与世界一流育人目标，围绕学生成长与发展进行理论思考与教学实践，通过引入国际化资源，搭建中外文化交流平台，在课程中引入全球性话题和案例，组织学生开展和参与国际交流项目，并进行针对性服务与指导，取得了明显成效。

当前，学院与20余所世界一流的设计院校开展合作，进行深层次、多类型、实质性的合作，形式包括学生交换、课程交换、互认学分、双学位、合作研究等。在国际化、跨学科、高水平的师资队伍建设上，1人当选瑞典皇家工程科学院院士，8人次入选国家外籍高端专家，1名外籍教师获得“中国政府友谊奖”，2名外籍教师获得“上海市白玉兰奖”，34%的教师为外籍教师。

在打造国际化育人团队的同时，依托中外文化交流平台，引导外籍教师深入学生群体，促进中外师生交流与沟通，扩大同济影响力和中国影响力，依托社会实践项目，组织外事活动，引导学生参与进博会、国际会议等大型活动志愿服务，培养学生的国际视野与跨文化交际能力。

在学生服务与管理上，选拔优秀学生赴海外学习交流，以课程、科研、文化、实践多维平台为支撑，通过构建“引进来”“走出去”和“进出结合”三大核心环节为主的“一心三环”能力结构，使学生在国际交流中深入社会、明理悟德，积极服务社会主义现代化国际大都市建设。

7.1 国际化育人有平台

7.1.1 加强全球联络及区域间合作来往

为主动引入国际化资源，搭建中外文化交流平台，在学校的指导下，学院与多方国际组织、国际高校联盟、世界一流设计院校等开展交流访问。

同济大学与联合国教科文组织的联系与合作日益密切，联合国教科文组织亚太地区世界遗产培训与研究中心上海分中心落户同济大学，成为同济大学重要的国际平台之一。中心举办“国际城市遗产保护大会”和“国际可持续发展国际论坛”，积极推动师生赴联合国机构工作和实习。

学院中国籍学生与外籍留学生们日常交流

英国国家科研与创新署（UK Research and Innovation）代表团曾到访同济大学，对同济大学在科研创新方面的尝试与探索，就大学在创新中的作用、设计在创新中的角色作用和设计学科自身跨界转型所面临的挑战等问题进行了深入交流。

芬兰阿尔托大学副校长，艺术、设计和建筑学院院长等也来校访问，共同回顾两校已有合作，并展望未来，致力于推动中芬中心的转型发展，继续在创新创业思维、教学法、建筑、人工智能与艺术交叉融合等方面拓展新的合作。

此外，学院主要领导也随团在娄永琪副校长的率领下，赴芬兰、瑞典等相关合作伙伴高校推动国内外艺术设计教育的交流合作，一场场双向奔赴，共同营造全球设计教育合作往来氛围。在芬兰阿尔托大学，娄永琪副校长与该校校长伊卡尔 · 尼梅拉（Ilkka Niemelä）教授会晤，就两校续签校际合作协议、建立重点合作伙伴关系 15 周年和上海国际设计创新学院成立 10 周年系列纪念活动等重要事项进行战略沟通，伊卡尔 · 尼梅拉校长表示，阿尔托大学一贯珍视与同济大学的战略合作伙伴关系，将继续支持两校深入合作。

联合国教科文组织教育助理总干事贾尼尼来访（设计创意学院）

7.1.2 打造具有世界影响力的联合工作坊交流平台

自 2009 年以来，同济大学设计创意学院与丹麦科灵设计学院每年都会举办一次不同主题的 Tongji × Kolding 联合工作坊。

来自同济大学设计创意学院、丹麦科灵设计学院与深圳大学艺术设计学院的师生们以联合国第 12 项可持续发展目标（负责任的消费和生产）为宗旨，从每年的主题如“宜家家居（IKEA）自身业务以及价值链中所涉及的产业”切入，共同探讨“服务设计”对世界的影响。

在工作坊调研的时间内，丹麦科灵设计学院教授带领所有中外学生研究小组实地观察。研究小组也分别通过各自观察，思考设计应该向哪个方向改变。经过沪深两地各两周的密集工作之后，来自丹麦、上海、深圳三地不同文化背景的师生们从“宜家绿屋”“宜家家具回收”“宜家导视”三个角度提出了三组不同方案，未来这些方案将分别面向宜家总部和中国总部汇报，学生的想法也有机会落地实施。

为了拓宽创新设计教育的地域边界，学院也在尝试打造更多更有影响力的联合工作坊，2018 年“同济大学未来需求实验室 NEEDS Lab”落地深圳高北十六创意园，由此开启了在上海之外探索创新设计教育的新征程，进一步链接了实验室与深圳企业，以不同形式的工作坊活动鼓励参与者发散思维，或根据话题，构思、绘制、设计原型草图，最终帮助人们在生活、科技等不同领域获得优质的体验。未来需求实验室的建立，也为未来有更多相仿的尝试，为粤港澳大湾区的新兴产业发展贡献力量，并为学院学生“走出去”提供更多的平台。

同济大学（深圳）未来需求实验室 NEEDS Lab 落地深圳

同济大学代表团（设计创意学院院长、副院长随团）访问芬兰阿尔托大学

“Tongji × Kolding 联合工作坊”中外高校学生共同研讨课题

7.1.3 创建国际联合实验室，建设国际化创新创业教育新平台

学院一直以来在创客文化建设、创新创业实践方面积极探索，目前已与美国多所一流高校在创客教育领域开展扎实的合作交流。2013 年，学院与美国麻省理工学院在上海共建中国首个 FabLab 创客中心，并在深圳、苏州、常熟等地建立了 4 个创客中心，成为中国创客运动的根据地之一。2017 年，同济大学与美国麻省理工学院媒体实验室（Media Lab）合作建立“同济－麻省理工上海城市科学实验室”，成为媒体实验室在中国大学的首个签约合作伙伴。

作为教育部 “首批挂牌中美青年创客交流中心”之一，2018 年“同济大学中美青年创客交流中心”在学院揭牌，中心致力于成为推动中美两国创新创业教育发展，高校服务区域、国家和全球发展以及两国青年沟通交流、互学互鉴的基地，为推进中美两国人文交流作出积极贡献。

建设中美青年创客交流中心，是中美首轮社会和人文对话达成的一项重要共识和成果之一，双方鼓励两国青少年在创新创业方面开展交流合作。同济大学还与中美领军企业在创客领域开展了深入的校企合作。2014 年，同济大学与“中美青年创客大赛”合作企业美国英特尔（Intel）公司建立“联合众创空间”；2015 年，同济大学与阿里巴巴建立联合实验室，并于 2016 年发布“设计与人工智能报告”；2016 年，同济大学与“中美青年创客大赛”合作企业美国微软公司建立“用户体验设计”联合实验室；2016 年“中美青年创客大赛”合作企业、世界最大的计算机辅助设计软件公司——美国欧特克 CEO 卡尔巴斯受聘担任同济大学荣誉教授，任教于设计创意学院。这些实验室长期为来自全国的创客群体提供创客相关的课程和实践指导，辅导学生打造具有社会和产业价值的新产品与新应用，涉及社区、教育、环保、健康、交通、能源、人工智能等可持续发展领域。

此外，学院还与英国顶级豪车阿斯顿 · 马丁制造商共建阿斯顿 · 马丁拉共达创新空间；学院建设 30 多个前沿科研实验室，充分推动科教、产教和创新创业能力的融合，构建“生活实验室”育人创新区。其中，学院 8 个实验室主任或联合主任均由外籍教师担任。

同济－麻省理工上海城市科学实验室落地上海

7.2 国际化交流有氛围

7.2.1 国际大会有声音（WDCC 观察员）

2010 年，上海加入联合国教科文组织“创意城市网络”，定名为“设计之都”。2022 年，由上海市人民政府主办了首届设计之都大会，同济大学师生得此机会开始深度参与该项盛会。2023 年新一届世界设计之都大会上，志愿者同学们，除了布置展览，指导观众参与工作坊活动，讲解展品，对接会场外宾等一系列工作之外，首次以“学生特别观察员”的身份，从学生视角解读和报道世界设计之都大会论坛，近距离与设计领域的国际专家学者们“共话 - 设计无界，造化万象”。

大会的志愿工作让同学们收获了很多宝贵的经验和知识，了解了各种设计理念和创意思维在实际工作中的应用，对学生未来从事设计工作有着极大的帮助，工作之中也学习了如何更好地与人交流、如何更好地协调工作、如何更好地服务他人。而学生观察员的角色更给同学们带来了触及全球设计交流的思考，更深层次地挖掘专业及领域的根源与发展状况，也给设计的未来埋下了一颗颗不断成长的种子。

美国新学院帕森斯设计学院副教务长
玛丽安娜·阿马图洛（Mariana Amatullo）博士在大论坛上演讲

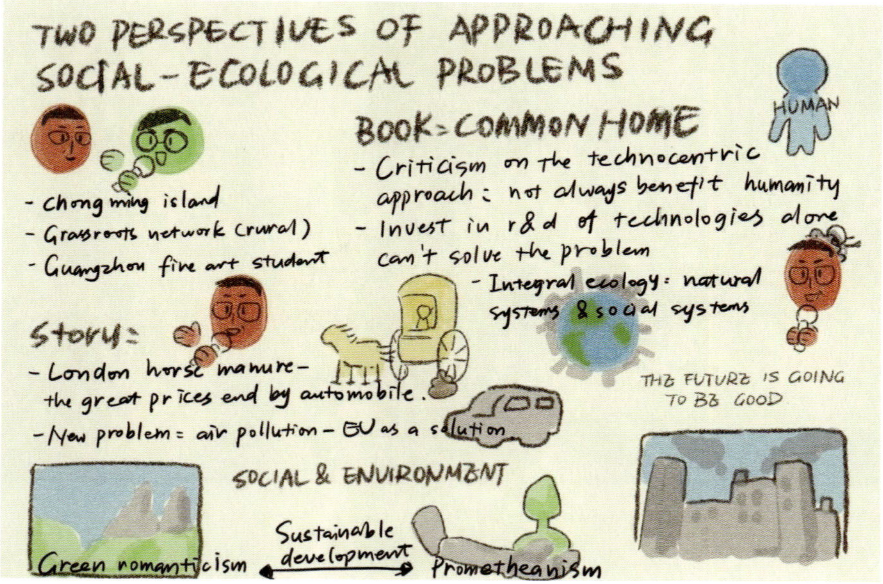

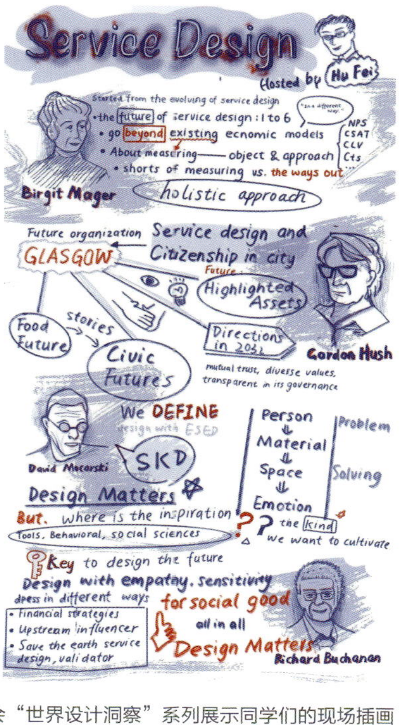

2023 世界设计之都大会“世界设计洞察”系列展示同学们的现场插画

学生志愿者记录 2023 世界设计之都大会现场精彩瞬间

美国工程院院士、苹果前副总裁唐·诺曼（Don Norman）教授与志愿者同学们亲切交谈

7.2.2 Hotspot2019 国际学生作品展

“Hotspot2019 国际学生作品展”展出 18 名国际学生的 21 件作品，这些学生来自设计创意学院的国际合作伙伴院校，并以校际交流生的身份就读于同济大学设计创意学院或同济大学上海国际设计创新学院。交换项目包括硕士双学位项目，也包括非学位学生交换项目。

展览不仅展示了他们在母校期间的作品，也包括他们在同济期间产出的成果。展览呈现了不同文化和体验的交汇，且致力于推动多文化融合和不同设计方法的交流试验。在 Hotspot，不仅仅创造性的联结会发生，不同的设计“原料”也会融合在一起，生成创新和设计新视野。国际学生作品展，不仅呈现了国际学生学业上的进步，更是文化融合的展示，也是对所有推动国际文化教育交流参与者的感谢。

国际视野始终贯穿于同济大学设计创意学院发展始终，自学院成立以来，国际交流合作对学院的迅速发展起到了不可忽视的推动作用。在国际交流众多不同身份的参与者中，国际学生无疑是最有活力也至关重要的一个群体。他们不仅是母校和本国文化的传播者，随着合作不断推进，交换生群体逐步扩大，他们更将成为两所学校、两个城市、两种文化间紧密连接的纽带。对中国学生而言，国际学生也代表着一种可能性——不同文化间交流碰撞，产生更多创意创新的火花，为年轻一代设计师的成长点亮更多可能。

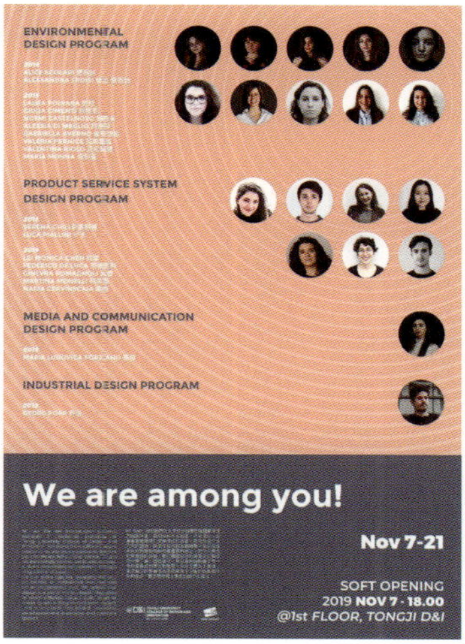

Hotspot2019 国际学生作品展

7.2.3 国际留学生之夜

学院例行举办每年一度的跨文化交流活动“国际学生之夜”，来自不同国家的同学们共同参加活动。通过一些互动项目，比如 20 世纪 90 年代的中国复古小游戏，唤起大家的儿时记忆，同时带领外国友人同学体验童年快乐。活动内容包括翻花绳、跳皮筋、滚铁环、挑棒以及最受国际同学们喜爱的纸灯笼制作。“你的灯笼好好看！”除了每人一个 90 年代像素风的特制徽章，活动还为大家准备了跳棋、挑棒、竹蜻蜓等小奖品，留学生可以将自己做好的灯笼带回家。

国际学生与中国学生共同体验中华传统文化，如包饺子、剪窗花、90 年代童年娱乐等各类体验活动，通过复古童年游戏及组队竞技的形式，加深了中外同学之间的文化交流和学习，也增进了在此共同学习的各国友人同学间的情感。

“Back to 90s”主题国际留学生之夜活动

国际留学生之夜活动：滚铁环

7.3 国际化传承有指导

7.3.1 东学西读，哆院学生的留学生涯规划

留学深造是设计创意学院学子毕业后的主流方向之一，为给广大学子提供一个信息相对准确、可互相交流经验的平台，院学生会学术创新部定期举办“东学西读”留学经验分享会，分别邀请学分互换交流、毕业深造和联合培养三个不同经历类型的学长学姐进行分享交流。

在学分互换交流方面，介绍如前期申请的作品集准备、语言成绩要求、研究计划书的撰写等经验。此外，分享会上还会简单介绍交换学习期间丰富的课程，如可以和企业合作的工作室、多种选修课等。

毕业深造回国的学长建议同学们要有明确的职业规划目标，而不是一味地争取名校和排名，希望能在自己想做的事情上有提前的认识，并针对性地选择气质、专业相符的学校进行深造，当谈到留学回国的感受，感触最深的还是在于国内外文化的差异性，建议同学们要不断提升自己的适应能力。

双学位联合培养项目的学姐对联合培养项目的申请流程给出详细建议，如要投入时间去了解想要申请的学校和专业，在作品集和动机信里尽可能地展示自己和申请专业的相关性，因项目申请难度会有所提升，对个人的计划和要求也会更高。

7.3.2 东学西读——设创 Airplane 嗲院留学地图

学院基于 50 多所国际合作院校伙伴的基础上，绘制嗲院同学们在读期间以及毕业之后可以进行交流深造学习的留学院校地图。学校均为世界一流的设计院校，并发布在学院官方网站上，同学们可以根据地图检索自己期望就读的高校的信息，并详细了解该校的课程结构、学习以及生活。此外，学院老师还从学院视角出发，不定期对出国留学的政策方面进行说明，对学子出国途径等进行了额外的补充，希望能够帮助同学们更深地考虑出国的动机，做好准备。

“东学西读——设创 Airplane 嗲院留学地图”活动海报

7.4 国际化培养有管理

7.4.1 双学位联合培养项目遴选等学生选拔

学院每年举行一轮双硕士学位联合培养项目遴选工作会，该工作会由学生成长中心牵头，分管学生工作副书记、辅导员班主任及学院外事中心、人才培养中心相关工作人员等参与，由米兰理工大学、都灵理工大学、科隆应用科学大学国际设计学院等学院各双学位项目学术协调人，以及专业教师团队代表等出席并担任遴选工作评委。

双学位项目遴选答辩面向各项目方向同学统一进行评选。每名同学分别从个人情况、留学意义和学习计划等方面进行英文陈述，并与面试评委们当面进行问答，主要围绕个人对专业课程认识、出国及归国后各阶段学习计划等方面展开介绍，评委就留学的必要性和计划的合理性等进行考量。

每年的双学位项目遴选答辩展现了同学们的个人风貌，也给同学们带来了对专业课程认识和个人成长目标的思考，面对新的学习机会，综合客观地认识自身能力的长处和短板，去制订适合自身的可行性学习目标、计划，当然，面试过程中也暴露出了大家对专业认识不够深刻、作品集准备等方面存在的问题和不足，项目评委老师们依次进行深刻点评与详细指导。同时为更好地为同学们提供研究生出国交流项目的申请指导，学院还会例行组织双学位项目说明会与学生出国（境）经验交流分享会，分管外事副院长、学位项目的学术协调人及奖学金项目负责人等，分别在会上进行介绍和说明，说明会上还会邀请往届出国交流归国的学长学姐们和同学们进行现场交流和经验分享。

7.4.2 学生出国（境）教育及管理

学院制订了出国（境）教育管理规定，每一位即将因公派出国（境）学习的同学们，均需要进行一对一和集中的行前谈话，同时搭建平台，邀请上一年出国（境）交流的学长学姐举办经验分享会，提前规划学习安排。同时为出国（境）同学们争取国家公派留学基金委的奖学金资助，帮助同学们申请和修改在外研习计划，请专业教师团队给出指导意见，撰写国内导师推荐信，整理相应的竞赛、论文和专利等获奖信息，修改申请文书，并督促同学们按照公派奖学金的使用要求和个人制订的在外研习计划具体执行。

关于行程计划安排，学生成长中心要求学生在抵达目的地、回国返校等节点做好报到，此外还规定学生在回国一个月之内提交出国交流小结，并参加出国（境）交流学习经验分享。

7.4.3 设创学子海外留学周记

学院实时掌握抵达海外学习的同学们的状态，并要求按每两周撰写一篇留学心得和在外期间学习生活的感悟，并以图文的方式反馈给学生成长中心。在收到海外学习周记之后，定期整理为设计创意学院的微信公众号专栏，推送给全院师生，供其他同学们了解、学习和筹备个人的海外交流计划之用。学院的这一传统已坚持了多年，并得到了全院师生们的大力支持和关注。

学生徐伟健在海外双学位项目中参加课程小组汇报

学生钟姝潇在双学位学习期间的留学周记

7.5 国际奖励有名次

7.5.1 同济学生作品亮相迪拜全球毕业设计展

学院支持学生毕业设计《风筝：一个帮助中国离异家庭成员进行关系重建的应用程序》（*Kite-An App to Harmonise Relationships in Divorced Familes*）作品赴迪拜参展，该作品通过家庭名片等方式运作，可以为离异的家庭成员提供多个家庭之间的切换和管理功能。

学院学生毕业设计作品两次亮相迪拜全球毕业设计展（Global Grad Show）。该展自 2022 年起已演化为一个多样化的创新集会，主办方期望通过这个平台提高人们对全球问题的认识，提出解决方案，并促进采取行动，在今天和未来对社会和环境产生积极的影响。

2022 年全球毕业设计展大约有 100 件全球作品入围，当届学院获奖学生作品从全球 100 多个国家 450 多所大学之中的千余件作品中脱颖而出。设计者为环境设计专业同学，曾先后获得 Harvard-China Nudge-A-Thon 金奖、第二届 ICAD 国际当代青年美术设计大赛铜奖、Permio Roca 平面与空间设计铜奖等多个设计类奖项。由于在本科期间深受“以人为本”设计教育的影响，该同学在毕业设计中主动跨学科地选择了服务设计，这对她来说是一个挑战。

该同学还表示，“特别感谢导师们的支持，如果没有她们，我不会有勇气去和这么多人探讨离异家庭的问题。而赴迪拜参展也是一次难得的交流学习机会，能看到很多同龄人对人类的未来有着自己的畅想和理解，也因此拓宽了自己的思路和眼界。”

学生任梓心毕业设计作品亮相迪拜全球毕业设计展

7.5.2 多项红点奖、IF 奖、A'Design 奖、戴森设计大奖等

多年来设计创意学院同学们在多种专题研究领域中和各专业方向导师的指导下，斩获过红点、IF、A’design、戴森设计大奖等多项设计界公认影响力较高的国际赛事的奖项。

红点概念设计大奖于 2005 年创立。这一设计奖旨在发现并表彰新的设计概念和创新成果，它们是应对当今设计挑战，成为明日杰出产品的先驱。2017 级工业设计学生共同设计的 With U 的用于神经源性膀胱康复的医疗设备获得 2020 年红点概念设计大奖。该产品旨在改善神经源性膀胱治疗系统，在安全性和用户友好性两方面做了优化。设备本体的外形经历多次迭代：从圆盘状最终过渡到有折角的圆角矩形，折角使设备更好地贴合大腿。

获奖的医疗设备设计作品来自学生们在大二期间的医疗健康设计专题课程。而同学们对于设计的作品也并不满足于仅仅作为一种设计，小组同学们还表示：“未来，我们希望将产品的原型带给更多的患者并投入长期治疗中。在将来，我们打算设计出更智能便携的产品去让用户在大腿固定时有更好的体验。我们期待看到产品投产并让患者拥有更美好的生活。”

学生周寅、祝佳枫、柳雨之、张昱龙共同设计的医疗设备获得红点概念设计大奖

戴森设计大奖（James Dyson Award）创办于 2005 年，鼓励和支持全球富有创新和创业精神的青年学生为解决实际问题提供有价值的方案。学生胡可儿团队的项目“Power Mutualism 电能共生体”荣获 2021 年戴森设计大奖中国区大赛冠军。该产品是一种可穿戴自驱动型蓝藻细菌发电材料，能够从人体汗液、阳光和空气中获取养分，通过蓝藻细菌光合和呼吸作用释放电能，为可穿戴小型智能设备提供绿色能源，使其摆脱外部电源充电、更换电池等限制，满足近未来可穿戴传感网络与物联网的分布式能源需求。

学生胡可儿团队的“Power Mutualism 电能共生体”获 2021 年戴森设计大奖

学生郑青云团队的项目“VirtX 虚拟触觉服装”获 2024 年戴森设计大奖中国区大赛冠军。该发明是为视听觉障碍人群量身设计，通过电触觉渲染技术，使他们通过触觉“感受到”丰富、细腻、空间的音波。希望通过 VirtX，能够实现全身的“触觉显示”，帮助他们在生活中获得更多的便捷、安全，以及来自声音的享受，以另一种方式感受音波的美好。

学生郑青云团队的“VirtX 虚拟触觉服装”获 2024 年戴森设计大奖

第 8 章

多元育人

在大思政格局下，学院注重培养学生的综合能力，使其能够全面适应和应对多元化的社会环境。设计创意学院为学生提供多元化的成长环境，以包容共生的态度注重每一名同学的个性化发展，尊重每个同学的兴趣、优势和需求，针对性地提供支持和指导。学院鼓励学生不断拓宽边界，与周围学科交叉融合，培养兴趣、创造力、团队合作能力和问题解决能力。

守好“底线”，以学生健康发展为第一要义，全方位为学生身心健康提供支持；把好“中线”，落实就业育人，积极开展职业生涯规划与指导；激励“高线”，鼓励学生个性化发展，托举学生未来无限可能。

8.1 守好“底线”，关注学生身心健康成长

8.1.1 加强培训，完善学生心理健康队伍建设

为保障学生身心健康，完善学院心理健康队伍建设，学院搭建“心理委员－班主任－辅导员－院系领导－家长”五位一体的家校协同育人网络，并定期面向师生开展心理委员与学生工作系统培训。

心理委员培训定期邀请同济大学心理咨询中心老师前来授课，为各班级心理委员们授予心理“爱心使者”聘书，提升学生荣誉感，并鼓励大家积极投身班级心理文化建设，发挥学生骨干力量，当好爱心观察员。

例如一次心理队伍培训以“倾听和回应”为训练主题，由老师带领同学们进行了三个循序渐进的练习，通过实践感受与分析讲解相结合的方法加深同学们的理解。参与培训的同学们通过对视训练、倾听训练、回应练习，认真理解和体会心理工作的有效方法，通过培训，让更多的同学们了解并认识到，在关爱他人的同时，也注意方式方法，同时也不忘关注自己的身心健康，也以更加饱满的状态去迎接未来挑战。

学院心理委员团建暨新任心委聘任仪式

心理美育特色品牌活动

拼贴诗情绪蜡烛工作坊海报

8.1.2 举办心理主题沙龙——春悦心理嘉年华

为帮助学生关爱自我，了解自我，接纳自己。学院开展“自然留声美育心灵”春悦心理嘉年华。在青山绿水中踏歌远足，在故事中思考亲密关系，通过一系列传统手工、写生手绘与影视沙龙活动，努力打造具有设创特色的心理美育特色品牌活动。

1. 项目介绍

（1）开展“春日留声”写生活动

伴随着温暖的阳光与和煦的春风，同学们一起前往上海辰山植物园，踏上“春悦心理嘉年华”系列活动的“第一站”——“春日留声”写生活动。同学们在园区参观，在热带花果馆中赏果闻香，在沙生植物馆中探索仙人掌科的丰富多样，在珍奇植物馆领略植物生存和进化的奇特类型，一起了解植物世界的丰富多彩，感受人与自然的和谐关系。在参观完生态温室后，同学们围坐在一起，开始绘制“花、叶、种子”三种元素的自然笔记。很快，各种植株跃然纸上，栩栩如生。在且行且思的氛围中，感受春日的盎然与生命的美好。

(2）开展“心情折纸”分享活动

同学们通过“将最近的一件事、心情写在纸中”，折成折纸，与他人分享。活动还准备了数个趣味折纸教程，其中有同学十分善于折纸，折出了高难度的玫瑰。还有同学争相学习长腿的千纸鹤，为大家带来了很多乐趣。在短短的时间里，回味了折纸的快乐记忆，也让大家感到无比放松，全心投入手工活动中，暂时远离烦恼。

(3）开展“一花一世界”干花设计活动

学院还以“一花一世界”为主题展开了心理主题班会。班会将所有同学安排在一张桌子，在班里进行干花装裱，同时在音响里飘出爵士音乐，春日的美好，自然地流动，灰色的阴霾终会被温暖的阳光照亮。

2. 项目成果

学院通过心理嘉年华一系列活动，帮助同学们更好地舒展身心，助学助体。此外，学院还组织了更多与心理健康相关的活动，如“心理主题海报沙龙”“送你一颗小糖果”手工活动、“春日乐悠悠，共绘好心情”踏青手绘海报活动、观影沙龙《春潮》等。通过心理活动为大家搭建自我纾解的平台，希望大家可以在互动与交流中缓解压力，放松身心，理解自己。另有两位同学荣获上海市 2021 年度心理健康月主题海报设计大赛二等奖。

“一花一世界”心理主题班会活动

8.1.3 释放压力，举办丰富多彩的文体活动

结合专业特点开展各类文体活动，活跃学院氛围。双年文艺汇演、学院迎新年派对、篮球赛、乒羽球赛等各类文体活动轮番上演，倡导健康的生活，丰富同学们的课余活动体验，展现学院同学风采，促进师生课外互动，为建设透明上进的学院文化贡献力量，助力构筑良好的育人环境，促进学院同学的身心健康发展和成长成才。

为让学生从紧张的学业中获得放松和休息，同时增强体魄，使学生能以更饱满的姿态去面对之后的学习生活，学院每年 11 月举办趣味运动会，策划有趣而丰富的比赛项目。来自设计创意学院的教职工、研究生、本科生以及新生院济美学堂的同学们混合编组，形成参赛队伍，热情参与“力拔山河”“女皇躲避球”“过河拆桥”等集体项目，还有“带球快跑”“飞盘九宫格”“慢骑单车”“同舟共济”“投篮”等小组接力等项目，在运动场体验运动带来的乐趣，感受和老师同学们一起做游戏时的快乐时光。趣味运动会将团结友爱的精神和对运动的热情传递给所有师生朋友们，也拉近了老师和同学之间的距离。

学院趣味运动会

在重要年份节点，学院组织合唱比赛，展现学院师生们积极向上的精神风貌，组成一场场精彩纷呈的视听盛宴，也提升了全院师生们的凝聚力。专属于学院的合唱“音乐会”，青春充满活力，也时刻提醒着同学们保持初心，创造更美好的世界，铭记使命，为全人类的幸福而奋斗。

每年辞旧迎新晚会异彩纷呈。学院通过“派对”“舞台剧”等形式回顾院校发展的光辉历程，展望未来，秉持文化育人的原则，关心学生课余生活，用轻松愉快的氛围舒缓同学们的学业压力。在新年派对上，有院领导们为同学们、老师们还有学院送来的祝福，有学院师生们装扮成活泼可爱小动物的化妆派对，在气球布置的“森林”中尽情狂欢。晚会中还设置“水瓶大作战”团队互动游戏，考验同学间的信任合作，一场激烈的“气球大乱斗”更是给同学们一次“追逐打闹”释放压力的机会，同学们玩得不亦乐乎，也是通过这些欢乐、搞怪的娱乐项目，让参与的老师同学们沉浸其中，体验派对的欢乐时光。在学院，就是该玩的时候痛快玩，该学的时候认真学。师生们在这样的氛围中辞旧迎新，回顾过去的成绩，也期待更好的未来，希望通过全院师生们勤劳的双手，用知识的力量继续坚定行走在“改变世界、创造未来”的大道上。

纪念五四运动一百周年暨庆祝设计创意学院成立十周年合唱比赛

8.2 把好“中线”，落实就业育人

8.2.1 坚持职涯指导，完善全过程、多层次的生涯导航体系

1. 实践内容

贯彻职业生涯教育抓早抓实的工作理念，建立由专业导航到职业导航的生涯导航体系，将学生的生涯教育贯穿整个大学学习阶段。对于低年级学生，设计各种机会对其开展职业相关普及和生涯规划教育。在新生入学教育周，专门安排生涯导航讲座，同时通过教授讨论课、高低年级交流、学业导航讲座等活动，让新生加强对专业的认知以及对未来发展前景的探索性认识。安排生涯教育课程，帮助强化职业规划意识，提高职业规划的能力。充分利用外部资源加强对学生的职业生涯教育，将职业生涯教育与第一课堂相结合，开展“设计江湖”主题课程讲座以及企业宣讲季系列活动，邀请行业内资深权威人士，开展设计行业相关沙龙和讲座活动，使同学们更好地了解行业的真实状态，对学生进行就业指导和职业生涯教育，取得了良好的效果。持续推行职业导师制，为高年级同学配备职业导师，成效显著。加强就业服务的个性化指导与就业推荐，建立毕业生的电子简历库，根据学生的特点进行个性化的咨询指导，并向用人单位定向推荐。利用微信等平台，促进跨年级同类型学生的交流，以共同目标就职企业、出境留学高校、国家和地区等为纽带，搭建分享交流渠道，为毕业生提供更多的信息来源和交流平台。

设计江湖系列讲座部分海报

2. 项目成果

打造学院职业导师制、“设计江湖”主题课程讲座、设计企业参访、创意集市等特色品牌项目，推进职涯教育与就业服务载体创新，助力学生职业生涯规划和择业就业。职业导师由校友担任，主要对学生进行职业生涯的指导，以及提供就业实习机会，作为设计创意学院推动人才培养体制改革、建设试点学院的重要举措。邀请就职于阿里巴巴、齐思工业设计咨询、播肯视觉、上海通用泛亚汽车等 20 余位校友先后担任学院职业导师，促进同学与校友、与社会知名人士一对一的交流，形成协同育人的良好氛围，为学生的成长成才提供更加有力的支撑。组织开展“设计江湖”主题课程讲座，提升对设计行业认知。邀请学院专业老师主导，以课程的形式开展设计行业相关的对话、讲座和座谈，邀请行业内资深权威人士，分享内容覆盖设计行业内第一线的技术手段、行业发展状况、职业规划和发展等，促使同学们更好地了解行业的真实状态，有效地进行就业指导和职业生涯教育。打造业指导系列工作坊，指导提升学生作品集质量和求职技巧，提高就业和留学申请质量。开展 Office Tour 知名设计企业参观品牌活动，先后组织学生赴 Design Affairs 设计事务所、戴森工业设计、风语筑等知名设计类企业参观学习，与企业的设计主管和人事主管座谈交流，让同学们实地切身感受工作氛围，了解行业发展现状，直接掌握企业的发展状况与用人要求。

设计江湖系列讲座第六季开讲

8.2.2 积极开展校企合作，加强实习基地建设

1. 项目介绍

结合学院专业教学实习需求，加强实习基地和校企联盟建设，同时邀请优质企业进学院开展相关课程项目等活动。借助原有亲密合作关系伙伴企业，在已经建立大学生的就业实习基地的基础上，发展建设校企联盟单位。

2. 项目成效

与欧特克软件（中国）有限公司、中国电信股份有限公司上海研究院、上海龙域工业设计公司、上海指南工业设计公司、创智天地等 14 家实习基地，发展建立水晶石数字科技股份有限公司、上海永久自行车有限公司、上海风语筑展览有限公司、杜邦中国集团有限公司上海分公司等 18 家单位校企联盟。为同学们提供更优质和丰富的实习机会，提升对就业市场的了解，提升择业就业的竞争力。同时持续加强用人单位库的建设，根据设计学学科发展的动态以及业界的市场需求，结合同学们历年就业去向，继续补充完善原有单位库的数量与类型，特别补充了数字媒体、交互设计、产品服务体系方面的用人单位，学院的单位库数量达 400 余家。

8.2.3 持续策划开展多样的生涯规划品牌活动

在同济校园内打造了独特的设计创意学院文化，提升文化育人氛围。密切围绕同学专业发展和成长需求，开展多样的专业交流品牌活动，强化专业文化认同和归属感。结合同学专业学习和发展需求，组织开展“师说”师生交流沙龙，“开席”午餐会等系列师生展开交流互动活动，帮助同学们与老师就学科前沿发展、专业学习疑问、人生成长困惑交流互动，实现专业和综合素质的提升。打造同学之间的朋辈交流教育平台，组织策划了 Better Design 同济学生设计论坛、专业分方向交流会等主题交流活动，抓住大学生涯各阶段的特点，以成长过程中普遍存在的困惑为切入点，聚焦不同时期的关注热点开展活动，助力成长成才。持续开展学术性和趣味性结合、专业性和实践性结合的精品活动。

设计创意学院艺术设计类专场招聘会

8.3 激励“高线”，多元发展，托举学生未来无限可能

毕业满意度、专业对口度反映了毕业生对所学专业的认同度，同时，也在一定程度上反映了该专业毕业生在用人市场的专业竞争力水平。

对毕业生而言，学科专业背景是被用人单位审视的重要方面。所学专业是否受到用人单位的认可，是否在同类型高校的相关专业中具备竞争优势，是毕业生在择业过程中所必然面对的因素。在调查中，对已经落实就业去向的毕业生，对所学专业在招聘市场中的社会地位进行主观评价。分专业统计下来，研究生对专业竞争力的感受都较好，明显高于全校水平。

总结近年来毕业生校友们的经历发现，设计创意学院最大的特点就是包容共生，无限可能，因为在这里，同学们可以成为任何自己想成为的人。

8.3.1 组织国际组织实习训练营，拓展国际视野

学校学院有举办联合国实习训练营的传统，通过联合国实习项目的宣讲会还有实习训练营，帮助同学们了解有关信息，树立在国际组织中展露身手的志向理想。

去联合国实习是 2017 级环境设计的周同学一直以来的梦想，在大三时期她通过参加学校就业中心举办的一次国际组织实习宣讲，了解并持续关注着相关的招聘信息。2020 年年初，她在联合国官网上投递了一些专业相关的职位，随后便收到了人居署北京办公室的面试邀请，通过面试，确认了正式实习的时间，经过相关入职手续和线上培训，她便开始为期六个月项目助理的实习，主要工作就是协助各个项目，包括背景调研、提案准备、项目对接、活动组织等。

通过相关具体实习工作，周同学了解到联合国高效信息传达背后的生态系统，她在实习期间由城市规划设计专业背景的人居署北京信息办公室导师进行指导，导师对具体设计的色彩、版式运用等非常严格，有时会亲自帮助周同学修改设计稿。在与其他职员对接时，她也感受到了联合国人居署对信息传达的高要求。在联合国工作，富有感染力与精准性的信息传达似乎是大家的共识，设计意识更是内化在了每位职员的内心。

六个月联合国实习经历能检验一个人的工作态度和价值取向，而工作能力可以逐步增强。周同学说：“要选择自己真心热爱的工作并全力以赴。自己热爱的事无所谓大小，努力干下去，都会收获惊喜与成就。”

8.3.2 引导学生建功立业，培养正确择业观

为践行“人民城市人民建，人民城市为人民”的理念，学院还会不定期通过实践团队和项目走进社区、影响社区、改造社区的实际行动来提升和锻炼学生们深入探索解决城市发展新局面的实践能力，打造多元成长发展平台。除了平时的基层治理实践，学院持续引导毕业生到基层建功立业，树立正确的择业观：毕业生持续立足乡土青春、同话乡村振兴，发挥专业所长，在乡村振兴事业中绽放青春花火。

校友寻冉在湖南长沙市望城区白箬铺镇担任乡村振兴办工作人员（左二）

2020 届艺术设计硕士生寻冉任长沙市湘江新区白箬铺镇副镇长，除美丽乡村建设等乡村振兴的本职工作外，还参与和帮助了“白箬之光”乡村创客服务中心的落成与发展，积极沟通各方资源，将更多青年的文化创意引入白箬铺镇，打造乡村新名片。她在服务乡村振兴工作后也号召各位青年说：“青年并非一定要生活在乡村，才能为乡村振兴作贡献。还可以在自媒体平台上转发乡村相关内容，为乡村设计文创产品等。青年参与乡村振兴最重要的是时刻保持一种青年人的热情，尽己所能、发挥专长，做一些有意义的事情。”这也是学院人才培养、就业育人思考的方向，让生活在大都市的学生更关注国情民生，培养家国情怀。

寻冉在基层的工作照

2024 年 1 月，首届全国大学生职业规划大赛在全国如火如荼展开，其中上海赛区成长赛道总决赛在东华大学成功举办。学院 2022 级本科生潘俊捷荣获上海市成长赛道铜奖。大赛以“筑梦青春志在四方，规划启航职引未来”为主题，与各类就业指导活动、校园招聘、职业体验等同期活动统筹推进，引导学生合理规划自身学业与职业发展，树立正确的就业观，提高综合素质能力和就业竞争力，全面提升大赛的覆盖面和实效性，真正做到“以赛促学、以赛促教、以赛促就”。

学生潘俊捷有着明确的职业生涯规划，根植传统文化，立志成为优秀的品牌设计师，展现了新时代青年心怀梦想脚踏实地的青春风采。

学生潘俊捷参加首届全国大学生职业规划大赛上海赛区成长赛道答辩现场
来源：首届全国大学生职业规划大赛组委会

8.3.3 鼓励学生多元就业，营造创新创业氛围

同时，设计创意学院鼓励学生多元就业。学院在校学生联合校友创办听介传媒有限责任公司，公司成立于 2019 年，由同济创业谷、科技园孵化，是一家城市设计传媒公司，有着“热爱城市，改变城市”的口号，坚持以“城市传媒品牌 + 城市设计服务”的策略，累计落地超过 300 个商业项目。相关作品曾被新华社、人民日报、上观新闻、东方卫视及上海发布等官媒报道，在城市设计方面也服务超过 50 家重要客户，包括各地省市政府、高校、头部商业地产公司、建筑行业基金会、头部时尚快消品牌、城市美术馆和知名艺术家等。

此外，校友马鸿熙创办了慕戎教育科技有限公司，校友陈科乾在 NFT 数字藏品和文化推广方面做创业探索。随着数字藏品市场的不断发展，区块链技术的不断进步，未来的数字藏品也将更加丰富、多元，人们对数字藏品的认识也将不断提升，科技与艺术的深度融合，也致力于在市场更加规范、法律更加完善的背景下，更加注重用户体验，进一步拓宽在文化推广上的应用。

学院毕业生近年来除了参与乡村振兴工作、同行计划之外，还有在出版社、金融机构、国营领头企业、浦江实验室、高校等众多关键领域和单位里发光发热，在学院秉持着“兼容并包，知行相资”的理念背景下，同学们拥有未来无限的可能。

校友佘汀涛、学生蒋越创办的上海听介科技有限公司

校友马洪熙创办上海慕戎教育科技有限公司并在创新创业大赛上答辩
来源：首届上海市退役军人创业创新大赛杨浦区赛

听介传媒为同济大学设计的“卓越星”系列 IP

第 9 章

品牌建设

2003年，杨浦区政府在论证杨浦知识创新区建设方案的过程中，提出了“三区联动”发展的创新模式，即大学校区、科技园区与公共社区相互融合与资源共享，联合驱动区域性经济的创新与提升。2024年1月，上海市人民政府办公厅印发《上海市大学科技园改革发展行动方案》中提出，到2027年，高校校区、科技园区、城市社区“三区联动”进一步融合发展，行动方案鼓励深化高校体制机制改革，激发创新活力，推动实现“三区”创新资源要素集聚，形成发展合力。

设计创意学院“以美育人、以文化人”工程于2020年入选同济大学第二批“三全育人”试点项目，学院学生工作紧密围绕“立德树人”根本任务，探索学生社区文化育人的新思路，开拓育人阵地，将学生社区拓展为学生学习生活空间之外的锻炼空间、交流空间、文化空间，锤炼素养、强化担当，使学生社区成为文化育人的新平台。同时，持续深入校园、扎根社区、走进乡村，整合社会资源、企业资源，协同社区、乡村、企事业单位，大力弘扬和传承中国传统文化，在“以文育人、以文化人”氛围中激发校园文化活力，将人才培养与就业创业相结合，培养了一批多学科交叉融合的创新创业人才，打造出一批具有影响力的同济文创品牌，营造出具有专业特色的文化育人新氛围。

9.1 设计驱动，引领同济校园创新力

9.1.1 项目介绍

同济大学“一站式”学生社区协同育人中心的建成引发了同济师生对校园共创文化的热议，设计创意学院师生积极发挥所长，热心校园服务，在设计驱动校园微更新、焕发校园活力的道路上展开了一次次新的探索与实践。

随着“一站式”学生社区协同育人中心空间基本功能和设施配套趋于完善，空间的使用和功能发挥也提上日程，学院开放创新实践平台学生“天地社”承担起空间首秀的任务，学生团队迅速谋划，决定在此开展创意工作坊活动，以此展开调研、收集创意、激活空间。工作坊最终吸引到来自 16 个学院的 30 多名学生参与共创，他们在学院 1 名专任教师、4 位辅导员、4 位设计专业学生的主持引导下完成了一场共创工作坊活动，为“一站式”协同育人中心在空间营造和创新内容的植入等方面共同出谋划策。

“一站式”学生社区协同育人中心创意工作坊合影

9.1.2 项目成果

1. 空间营造，内容创新，激活学生社区公共空间

聚焦目标问题“如何定位协同育人中心的空间状态以更好地匹配学生日益增长的精神文化需求，以及如何通过轻量化的干预手段激活现有空间、塑造受学生欢迎的场所精神”，团队基于现有空间条件快速打造了一处氛围体验区，对活动场景进行了耳目一新的氛围营造，以此引导师生参与者自发地使用这个空间。

空间被划分为红组（活动育人中心）、黄组（软面包墙地下氧吧）、蓝组（动物森友会）、绿组（地下合作社）四个功能分区，分别由不同的助教学生主持引导。参与者按不同专业被精心划分为四个小组，每组参与者又分别被赋予了三种“角色”：设计创意学院学生不仅作为空间使用者，还是未来空间场所营造者和创新内容生产者；各院学生，他们是未来“中心”的主要使用者，更是未来社区空间的潜在塑造者；每组还各有一位学校辅导员，代表校方提供平台支持并为学生的创造力赋能。

活动在两轮激发创造力的破冰游戏之后拉开序幕。随着同学们手中画笔起落，一幅幅创意涂鸦跃然纸上，现场的氛围逐渐活跃起来，大家的思绪也似乎被带到了一片更广阔自由的天地。参与式的共创工作坊，让同学们进一步发现了校园公共活动空间的潜在新需求、新期待、使用新动力，他们创想了一个个面向未来的校园活力社区空间新场景。

工作坊现场

2. 设计引领，社群共创，撬动校园创新力与生命力

校园公共空间（包括学生社区、食堂、运动场、图书馆等）如何更好地实现功能上的使用，提升已有场地资源的利用，又如何能够促进校园内的交流互动，激活和带动公共空间的活力呢？多年来，学院师生通过课程结合和志愿服务等多种形式，在校园微更新、空间氛围营造、激发校园活力等方面发挥学科优势的诸多积极探索与实践。

环境图形设计课程选取了同济大学校园中特性不明晰的空间环境进行调研分析，理解场所特性与场所精神，并尝试运用图形元素营造新场所特性，探索色彩、文字、符号、材料等设计介入手段在三维空间中的可能性，以及人与所处空间进行图形信息交互的新途径。

利用废弃水瓶的再创作传达环保理念的球场

学院知名教授走进校园“社区开放麦”，讲述自身经历、畅谈工业建筑到生命建筑的转变，带领同学们一同畅想未来设计的形态。此外，社区讲堂、学术沙龙、师生对话、成长问诊……依托“驻楼导师进社区”项目，学院师生们在社区碰撞思想的火花，分享设计作品、设计思维、设计与管理、设计与诸多学科的交叉、社群共创等话题。

浪漫清新，总让人联想到雨过天晴的彩虹晾衣场

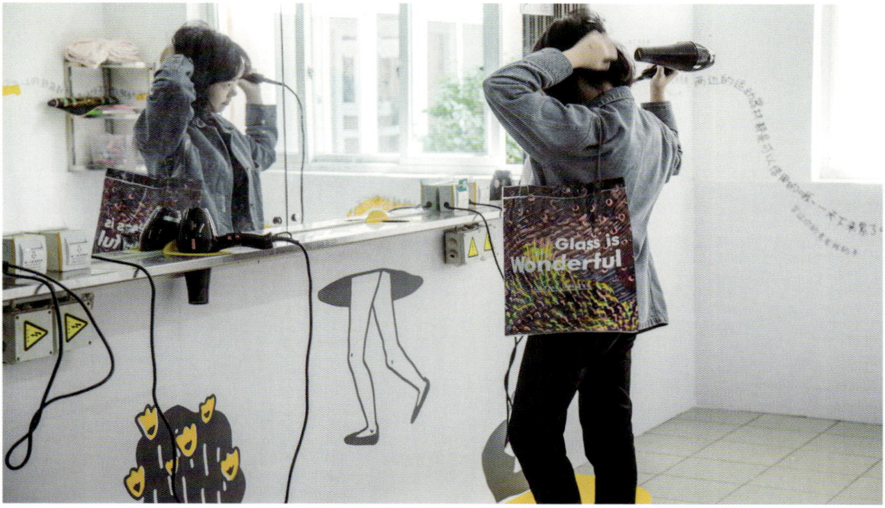

女生宿舍楼吹头发的空间变得有趣

被镭射薄膜点亮的校园树林提醒人们放慢脚步

9.1.3 经验总结

设计让校园共创更富有创意，如何让“创意”自发并长期有效地运转？全校师生共同参与校园公共空间的更新创造，即“共创”或许是激活校园活力与创新力的一个重要的途径。校园公共空间因为有了学生们的互动交流而被激活，也因为有了学生们的创意想法而被点亮。希望共创工作坊后续能够在学生社群中持续地发酵、传播，在这个“人人参与设计”的时代，期待将来有更多的学生加入共创社群，投身校园共创，共同撬动校园创新力和生命力。

9.2 扎根社区，焕发学生社区新活力

9.2.1 项目介绍

为纵深推进“三全育人”综合改革试点建设工作，同济大学在本科生社区推行驻楼导师工作站建设工作，推动知名教授、知名学者进驻学生社区，将育人力量和育人资源有机融入学生学习生活的第一线。学院积极响应学校号召，积极推动“一站式”学生社区建设，将“五育”元素融入学生日常生活，提升社区育人功能，着力推进“三全育人”，将学科、第一课堂、专业教师等育人资源向学生社区延伸，学院党委高度重视，主动介入、精心设计，营造了浓郁的全员育人氛围。

目前，学院驻楼导师工作站已经运行 3 年，分别负责四平路校区西北二楼与彰武校区 3 号楼社区，已有 48 位导师入驻学生社区，从理想信念引领、学业指导、文化传承、成长问诊等方面开展活动，将专业知识教育与思想政治教育相结合，搭建了“开放式社区师生交流平台”，学生反响热烈。

苏运升老师走进校园“社区开放麦”

9.2.2 项目成果

1. 打造价值引领与知识传授的融合课堂

驻楼导师工作站的建设目标是在将知识体系教育与思政教育综合引入社区讲堂，在传授学生知识和技能的同时，引领学生端正价值观和人生态度。将课堂搬进社区，让教育走进生活，打造个体环绕式的思政教育微体系。驻楼导师在工作站内开展社区讲堂，侧重于讲授不同学科的前沿知识，拓宽学生视野、促进学科交叉融合。同时，将思想引导、育人元素等内容融入社区讲堂，形成个体环绕式的思政教育微体系。

在学生社区内举办传统文化与非遗手工艺活动

2. 搭建“大咖在身边”师生交流平台

驻楼导师工作站将最优质的专业教育资源配置到学生生活圈，让学生可选择、可感受，充分发挥知名教授、知名学者在学生群体中的引领力和权威性，搭建“大咖在身边”的师生交流平台。3 年来，学院专业负责人、外籍教授、明星设计师、专业大咖、非遗传承人等48名教师走进学生社区，深入学生、贴近学生开展育人工作。他们用深厚的理论功底、丰富的专业储备、扎实的专业技能帮助学生，解决学生实际问题，以正向的人生态度、丰富的人生阅历、严谨的治学精神引导学生健康成长。

时任同济大学党委常委、组织部部长吴利瑞走进学生社区，参与非遗手工艺活动

3. 建设“有温度的成长诊所”感召学生

驻楼导师开展多元的内容形式，包含学术沙龙、成长问诊、文化体验等。综合知识教育的“社区讲堂”，将育人元素融入社区讲堂，让不同学科知识在工作站内传播和讲授，拓宽学生视野、促进学科交叉融合；专业认知的“学术沙龙”，帮助学生加强专业认知和认同，激发学生的学科兴趣和发展潜力；近距离把脉的“成长问诊”，问诊学生成长过程中的问题与困惑，为学生答疑解惑，并引导他们形成正确的人生观、世界观和价值观；贴近生活的“师生对话”，面对面与学生交流、共进晚餐、谈心谈话，深入了解学生学习生活中的实际问题，提供指导建议。

专业教师在学生社区为学生答疑解惑

9.2.3 经验总结

驻楼导师已成为设计创意学院教师们最乐于参与的活动之一，老师们表示感谢学校搭建平台能让知识下沉到社区，并且了解学生最轻松的状态，聆听到最真实的想法，特别是当与一群充满想象力、对未来充满希望和梦想的年轻人讨论时，感觉到活力满满。在驻楼导师工作站里，理想与现实的话题在对话中频繁提起，导师们用自己的智慧教会同学们如何拥抱有滋有味的大学生活。师生面对面的沟通、心与心的对话，零距离带来的还有教学相长的共同促进，思想火花的激情飞扬。

学院将持续发挥学科优势，组织更多面向全校师生的社区活动，将学生社区打造为集专业学习、成长分享、师生交流、文化体验、入党启蒙、理想信念培养等于一体的学习生活园地，开创了社区思政新高度。

9.3 街校联动，提高党史学习吸引力

9.3.1 项目介绍

为促进学生深入学习“四史”，引导党员学生牢记初心使命，也为加强街校联动，提升支部党员联系群众能力，设计创意学院党委充分借助位置优势、发挥专业特长，创新“四史”学习方式，提升“四史”学习效能，街校协同打造“三新”理论学习主题党日活动。与街道社区打好“四史”学习教育组合拳，激发学两地党员学习热情，以高校党建带动社区党建、以社区党建优化高校党建，实现高校党建与社区党建同频共振，形成党建创新点和发展增长点。

9.3.2 项目成果

1. 新场域：组织生活走出校园走进社区

同济大学所处的杨浦区具有先天的位置优势，设计创意学院与控江路街道更是仅有几条街的距离之隔，学生与居民的日常生活紧密相连。本科生党支部利用这样的资源优势，将主题党日开进了控江路街道“凤归巢”党群服务站，这是一个集教育管理、服务阵地、睦邻空间于一体的“党建+”三区融合公共空间。在新的场域中，学生党员与社区党员携手共学“四史”，为学生支部组织生活会带来了新的氛围，也为社区注入青春活力。

2. 新视角：多元主题拓宽大学生知识广度

主题党日邀请到了来自社区和高校不同背景的嘉宾作分享，马克思主义学院副教授李雅茹老师为大家上了一堂生动的“四史”微课堂，历史与理论结合，深入浅出地阐述颠覆了党课的刻板印象；控江医院急诊科副主任医师刘明利与大家分享了他在武汉第三医院感染科重症组工作的55天，他经历的感人故事，以身示范青年人的时代使命与责任担当。主题党日连接起了社区内不同背景的社会人士与学校内不同专业的学术老师，实现了资源共享、互相学习与共同提高，多元主题拓宽大学生知识广度。

同济大学马克思主义学院副教授李雅茹为大家上“四史”微课堂

3. 新形式：体验工作坊增强学习趣味性

设计创意学院 JALAB 首饰实验室的赵世笺老师和她的团队为居民和同学们带来了一次党徽制作体验工作坊，体验党徽团徽的制作过程，领略珐琅彩工艺精巧独特的魅力。参与者们探索着精巧的珐琅彩工艺，从未知到精益求精，历经概念、草图、熔铸、切割、打磨抛光的复杂过程，打造属于自己的党徽，体会匠人精神。同时也借机回顾党徽的诞生历程，重温党由小到大、由弱到强的光辉历史，坚定理想信念。

党员们制作完成的徽章

同济大学设计创意学院 JALAB 首饰实验室的赵世笺老师讲解珐琅彩工艺

9.3.3 经验总结

学院与街道持续化共建，建立教育基地，夯实组织基础。学院已与控江路街道签约建立了“同济 · 控江党建教育基地”，并在主题党日活动上为三位居民党总支书记颁发“社区实践导师”聘书，夯实组织基础使得街校共建可持续发展，推动形成“资源共享、优势互补、共同提高”的街校党建新格局。进一步做深做实“共建项目”，推动组织联建、队伍联育、实事联做。强调理论学习趣味化，创新内容形式，提高学习实效性。主题党日探索政治理论学习的新途径，通过多元的主题讲座加体验工作坊的形式，将理论学习与实践创作相结合，从“实”的党徽入手学习“虚”的历史知识，让党员同学在轻松娱乐的环境中学习“四史”，带来别样的体验，加深印象提高学习的实效性。同时也提供了一种居民与学生间相互学习、感情交流的有效途径。

长期以来，党建活动中的理论学习部分通常主要通过领学报告、座谈交流、思想汇报等传统形式开展，街校联合主题党日活动是一次新的突破，更是街校联合党建的新起点。在未来，希望依托“同济 · 控江党建教育基地”的平台，精准对接双向需求，充分调动两地青年党员的主观能动性，联合打造更多有意义、有意思、有影响、有成效的党建活动，提高学生党员服务实践能力。

9.4 赋能乡村，激活传统文化生命力

9.4.1 项目介绍

二十四节气是中华民族的古老智慧结晶，它不仅是中国农耕社会生产生活的时间指南，更是中华民族独创的文化遗产。然而，在城市化快速推进和城市文明扩张的影响下，作为我国的优秀传统文化的代表，二十四节气的意蕴与内涵却随着传统乡土文化日渐荒芜，在与之息息相关的乡村生活中渐渐被忽视和遗忘。

为此，学院本科生党支部的同学们赴崇明区新村乡开展为期一周的暑期实践，与新村乡乡政府合作推进“时令节气进村社，传统文化入人心”暑期实践项目。他们以二十四节气为切入点，调研了当地村民对节气文化的了解与传播情况，依托村镇场地与稻米产业进行水井墙绘及二十四节气主题文创周边设计活动，并邀请当地村民参与创作过程中，一同探索节气文化在当下乡土生活中的价值。通过现代视角，解构含有节气元素的设计作品，传递与定位淳朴节气的趣味，赋予设计文化之美，共同体会二十四节气中折射出的传统文化之美。同时，以暑期实践谋求推动校地合作共赢、城乡结合互动、共同发展的可能性。

9.4.2 实践内容

1. 美化乡村环境，形成地标空间

崇明新村乡的田野小路中坐落着一口口老水井，它们是灌溉稻田的水源，承载着乡村对丰收的淳朴向往，更承载了劳动者们对美好生活的憧憬。同学们将老水井作为了设计方案实践的重点对象，联动周围米仓外立面进行设计，从而形成地标空间，来实现美化乡村环境的作用。经过多次数据测量、设计迭代，不断细化米仓墙面绘制设计方案、调整水井各立面图样、定制文创周边产品、选购墙绘工具、制订行程安排与分工等程序，团队信心满满地坐上了前往实践的轮船。

2. 创新传统文化，促成乡土文化觉醒

乡政府工作人员热情接待了团队成员，同学们参观调研了新村乡特色稻米文化展览馆，对当地乡土文化有了深入了解体会。实践阶段困难重重，连日的高温预警和田野上的炎炎烈日给实践增添了不少挑战，但同学们及时优化设计方案，并通过调整作息时间，充分利用日出日落前后的时间克服了高温带来的困难。在凌晨 4 点、在傍晚时分，小队整理好全部绘画工具，向田间水井进发，3 个小组分别绘制水井，最终完成了 5 口水井的绘制任务。同学们看见了满天繁星渐渐没入田野，也看见了金色晨光慢慢照亮大地。

学生绘制老水井

3. 构建合作典范，促进城乡交流与可持续发展

在调研访谈环节中，实践团队队员与村民们深入交流了“二十四节气与生活”的议题。他们不仅展示了精心制作的文创产品，如带有节气插画的水杯、扇子、贴纸和节气绘本，还倾听了村民们对二十四节气的深刻理解和当地节气习俗的分享，以及他们如何利用节气知识指导农作的经验。调研结束后，队员们将富有创意和实用价值的文创产品赠送给村民们，这些产品深受村民喜爱。随着项目的推进，实践队成员进入最后的绘制阶段，夕阳下的墙面色彩绚丽，吸引了众多居民驻足观看。在项目收尾阶段，小队成员回到水井现场进行复查和清理，同时邀请更多村民参与视频拍摄，共同留下了珍贵的纪念。村民们积极响应，与水井合影，并与实践队成员就节气文化的现代价值展开了热烈的讨论和交流。

实践团与村民们在水井前合影

实践团成员合影

9.4.3 经验总结

2020 年，中国脱贫攻坚战取得了全面胜利，这一辉煌成就标志着我国发展进入崭新阶段。与此同时，传统文化与乡村振兴的议题历久弥新，不仅具有深远的宣传价值，更承载着丰富的实践意义。对于参与暑期实践的同学们而言，这次经历充满了未知与惊喜，汗水与欢笑交织，他们迎着日落的余晖和清晨的曙光，在“传统文化进村社”的宏伟画卷上，用青春的色彩绘制出绚烂的一笔，为乡村振兴和文化传承注入了新的活力。

晨光升起，世界被置于光芒之下，乡土文化迎来复兴，绽放生命之花。

后 记

随着这本学生工作汇编接近尾声，著者团队心中充满了无尽的感激与感慨。这不仅仅是一部关于学生工作的书籍，更是凝聚了同济大学及同济大学设计创意学院众多教师智慧与汗水的结晶，是团队协作与不懈努力的见证。在此，谨以最诚挚的心情，向所有参与本书撰写、编辑、校对及给予支持与帮助的同仁们致以最深的谢意。

首先，要感谢设计创意学院关心学生工作的历任领导们：娄永琪、范圣玺、胡飞、陈燕、马林海、王晓庆等老师，你们的高瞻远瞩为学生工作赋予了高度。其次，要感谢设计创意学院学生成长中心的同事们：你们用专业的视角和敏锐的洞察力，为这本书注入了鲜活的灵魂。在无数个日夜的讨论与碰撞中，我们共同探索学生工作方法，分享实践中的点滴心得，将那些看似平凡却又充满智慧的故事汇聚成河，流淌在字里行间，让这本书更加贴近实际，更加具有指导意义。再次，要感谢学生兼职辅导员计晨泓、陈伊凡、李铭宇及助管张雨蕾同学对本书做的大量资料整理工作，感谢周钰璐女士对图片资料的收集，感谢同济大学出版社编辑周原田女士对文字进行了细致的雕琢，使得每一个段落更加精炼生动。

最后，向所有学生工作一线的同仁们致敬。是同仁们对工作的精益求精，激励我们不断自勉，加速了这本书的出版，从而有机会与更多人分享学生工作的经验与智慧。衷心希望，这本书能够为学生工作者们提供有益的借鉴与启示，共同推动学生工作迈向新的高度。

再次感谢所有参与本书的人们！让我们携手并进，真正让学生工作入脑、入心，走深、走实！